无实际控制人
上市公司
财务行为研究

郭芙蓉　王书君　徐智　周惠明■著

四川大学出版社

项目策划：梁　平
责任编辑：梁　平
责任校对：傅　奕
封面设计：璞信文化
责任印制：王　炜

图书在版编目（CIP）数据

无实际控制人上市公司财务行为研究 / 郭芙蓉等著
. — 成都：四川大学出版社，2020.6（2024.6 重印）
ISBN 978-7-5614-7885-1

Ⅰ．①无… Ⅱ．①郭… Ⅲ．①上市公司－财务管理－
研究－中国 Ⅳ．① F279.246

中国版本图书馆 CIP 数据核字（2020）第 097283 号

书 名	无实际控制人上市公司财务行为研究
著　者	郭芙蓉　王书君　徐　智　周惠明
出　版	四川大学出版社
地　址	成都市一环路南一段 24 号（610065）
发　行	四川大学出版社
书　号	ISBN 978-7-5614-7885-1
印前制作	四川胜翔数码印务设计有限公司
印　刷	永清县晔盛亚胶印有限公司
成品尺寸	170mm×240mm
印　张	10.25
字　数	194 千字
版　次	2020 年 8 月第 1 版
印　次	2024 年 6 月第 2 次印刷
定　价	48.00 元

◆ 读者邮购本书，请与本社发行科联系。
　电话：(028)85408408/(028)85401670/
　(028)86408023　邮政编码：610065
◆ 本社图书如有印装质量问题，请寄回出版社调换。
◆ 网址：http://press.scu.edu.cn

四川大学出版社
微信公众号

前　言

　　股权结构一直是理论界和实务界关注的话题，国内外众多学者对此展开了广泛的研究。以往研究结论表明，股权集中在世界范围内广泛存在，股权集中不仅可以降低两权分离带来的委托代理成本，还会对企业绩效、投融资行为及公司治理等方面产生非常重要的影响；过度分散的股权结构容易导致所有者对经营者监管时产生"搭便车"行为，加剧代理问题。因此，一些学者认为，公司控制权集中不仅可以降低代理成本，还有助于提高经营效率。

　　随着当代经济迅速发展，企业朝着多元化方向发展，公司的控制权也向着多极化、多样化发展，在股票市场上逐渐出现了一批无实际控制人公司。Wind 数据库资料显示，我国无实际控制人企业数量逐年递增，从 2013 年的 74 家上升至 2017 年的 156 家，平均每年的涨幅约为 22%，并还在以此速度持续增长。当前，无实际控制人企业涉及的行业众多，包括金融、科技、化工、食品饮料、信息设备、交通运输、公用事业、纺织服装、机械设备、农林牧渔、房地产、信息服务、商业贸易、医药生物、建筑、有色金属、国防军工等多个行业。

　　无实际控制人公司股权结构分散，最大股东的持股比例低于 35%，并且没有单一股东能够对公司的股东会、董事会产生实质性的重大影响。由于股权结构分散，无实际控制人上市公司很容易成为资本觊觎的对象，容易产生控制权争夺、治理结构不完善、治理效率低下等诸多弊端。此外，因为控制权的不明确、实际控制人的无法认定及所有者监督的缺失，无实际控制人企业委托代理问题往往更加严重。因此，作为股票市场上特殊的一类群体，对无实际控制人上市公司开展财务行为研究既具有一定的理论意义，又具有强烈的现实意义。

　　本书就以我国 A 股市场上无实际控制人上市公司为研究对象，系统地梳理了无实际控制人企业财务行为的各项理论，详细分析了该类企业在财务行为上与实际控制人企业的不同之处。本书的研究是对以往公司治理研究的一个补充，弥补了以往研究对无实际控制人企业的忽略，明确了无实际控制人企业财务行为的特殊之处,为无实际控制人公司完善的治理奠定了一定的基础。本书主要由无实际控制人概念及其基本理论,无实际控制人上市公司的融资行为、投资行为、分配行为、社会责任、公司治理等几个部分组成,具体包括:

第一章是针对本书研究的专题——无实际控制人上市公司财务行为的相关概念及基本理论的介绍。本书根据我国相关规定对无实际控制人公司进行界定,并对该类公司财务行为依据的理论基础进行介绍,包括 MM 理论、权衡理论、融资优序理论、资本结构信号理论、委托代理理论、利益相关者理论、人力资源理论、不完全契约论、组织公平理论、信号传递理论、最优契约理论、管理权力理论、资源依赖理论、产权理论及信息不对称理论等,这些理论为本书研究无实际控制人公司的财务行为奠定了较为全面的理论基础。

第二章是研究无实际控制人上市公司的融资行为。本章对企业融资、资本结构、资本成本这三个关于融资行为的核心概念进行界定,并回顾了国内外的相关文献。本章重点对无实际控制人上市公司融资能力的影响因素进行了实证分析。由于本书研究的是已上市公司,因此对于融资能力的实证研究部分集中于债权融资。本章的实证研究发现,公司规模、资产抵押价值、盈利能力对上市公司的融资能力有显著的正向影响,内部积累水平、风险控制能力对上市公司的融资能力有显著的负向影响,公司成长性、银企关系、周转能力的影响不显著。

第三章是研究无实际控制人上市公司的投资行为。本章首先对自由现金流量及非效率投资进行概述。其次基于现有研究基础及相关理论进行分析并提出假设。再次依据经典非效率投资模型,将无实际控制人上市公司的非效率投资行为分为投资不足和过度投资两类,并分别进行实证分析。最后通过对比得出,与实际控制人企业相比,无实际控制人企业的自由现金流量越充足则过度投资越严重,无实际控制人上市公司的自由现金流量不足则投资不足越严重。

第四章是研究无实际控制人上市公司的分配行为。从高管薪酬的角度出发,以无实际控制人公司为研究对象,考察高管薪酬对企业绩效及其波动带来的经济后果。基于此,本章首先对高管及高管薪酬、企业绩效等概念进行了界定;其次,基于理论分析假设进行了实证检验,发现相较于实际控制人公司,无实际控制人公司削弱了高管薪酬对企业绩效的正向促进作用,同时也削弱了高管薪酬对企业绩效波动的影响;最后,针对实证分析结果提出了对策建议。

第五章是研究无实际控制人上市公司的社会责任履行情况。本章基于相关理论,通过假设检验与模型构建研究了无实际控制人上市公司社会责任履行的情况,以及社会责任履行对公司业绩的影响。通过对无实际控制人与实际控制人上市公司社会责任履行情况的对比,本章发现二者之间具有显著差异,无实际控制人上市公司的社会责任履行水平显著高于实际控制人上市公司。在此基础上,本章研究了无实际控制人上市公司社会责任履行的业绩敏感性,发现社会责任履行水平越高,公司业绩越好。这证实了利益相关者理论对社会责任履行动因及效应的解释。

第六章是研究无实际控制人上市公司治理行为。本章首先对公司治理的起源、概念和基本特征进行概述。其次从股权结构、董事会结构、高管激励三个维度进行了文献综述。再次,基于理论分析假设进行了实证检验,发现无实际控制人上市公司股权集中度对公司绩效具有正向促进作用。相较于实际控制人公司,无实际控制人上市公司董事会行为对公司绩效没有显著影响。无实际控制人上市公司管理层薪酬激励对公司绩效具有正向促进作用。相较于实际控制人公司,无实际控制人上市公司管理层在职消费对公司绩效没有显著影响。最后,针对实证分析结果提出了对策和建议。

衷心地感谢我们的指导老师——干胜道教授,在干老师的悉心指导和严格要求下,我们四人完成了无实际控制人公司财务行为的系列研究。干老师渊博的知识、严谨的治学、敏锐的洞察以及磊落真诚的为人之道,不仅为我们提供了探索学术之门的钥匙,带领我们在科研领域不断前行,而且也为我们今后的工作生活树立了人生的楷模。在此,我们四人向敬爱的干老师致以深深的谢意和敬意! 同时,也特别感谢四川大学出版社梁平编辑的帮助与指导。

著 者

目　　录

第一章　理论回顾

第一节　无实际控制人概念

一、所有权与控制权

所有权是所有人依法对自己财产所享有的占有、使用、收益和处分的权利，是对生产劳动的目的、对象、手段、方法和结果的支配力量。它是一种财产权，所以又称财产所有权。所有权是物权中最重要也最完全的一种权利，具有绝对性、排他性、永续性三个特征，具体内容包括占有、使用、收益、处置等四项权利。在经济学中，所有权是指对某种财产或企业的拥有权利。企业所有权是指对企业纯利润的剩余控制权，如使用、支配、处置等权力。

控制权是指拥有公司一定比例以上的股份，或通过协议方式能够对其实行实际控制的权力，即对公司的一切重大事项拥有实际上的决定权。理论上，如果拥有了公司 50％以上的股份，就必然能对该公司实行控制。但实际上由于股份的分散，只要拥有一定比例以上的股份就能获得股东会表决权的多数，即可取得控制的地位。除基于股权的占有取得控制权外，还可通过订立某种特殊契约或协议而获得控制权。

控制权，一般是相对于所有权而言的，是指对某项资源的支配权，并不一定对资产拥有所有权。所有权是获得控制权的基础，但所有权与控制权之间并非总是一一对应的。公司控制权与公司所有权之间存在着极为紧密的关系，既有一致性，亦存在不同的状态。两种权利形态均带着很强的排他性，但两者之间又以各自不同的形态存在。因各自形态不同，因此体现在公司的外部表现上也不同。公司的实际经营管理权与公司的所有权进行分离则是二者之间进行区分的典型状态。

根据证监会出台的《上市公司收购管理办法》第八十四条的规定，有下列情形之一的，为拥有上市公司控制权：持股 50% 以上的控股股东；对上市公司的表决权实际能够支配 30% 以上的情况；通过对股东大会的实际支配权能够决定公司董事会半数以上成员选任，或者可实际支配的股份表决权足以对公司股东大会的决议产生重大影响；中国证监会认定的其他情形。2016 年修订的《上市公司重大资产重组管理办法》第十三条新增对"控制权"的实质认定条件：上市公司股权分散，董事、高级管理人员可以支配公司重大的财务和经营决策的，视为具有上市公司控制权。

在实务中判断是否拥有公司的控制权，主要看是否具有能够实际支配公司行为或者对公司的决策产生重大影响的权力，除了考虑直接、间接的投资关系外，还应分析在实质上对董事会、股东大会、董事和高级管理人员的提名、任免和变动情况等方面所产生的影响力，以及发行审核部门认定的其他有关情况。

二、实际控制人与控股股东

根据《公司法》第二百一十七条规定，实际控制人，是指虽不是公司的股东，但通过投资关系、协议或者其他安排，能够实际支配公司行为的人。

控股股东与实际控制人不同，根据《公司法》第二百一十七条规定：控股股东，是指其出资额占有限责任公司资本总额百分之五十以上或者其持有的股份占股份有限公司股本总额百分之五十以上的股东；出资额或者持有股份的比例虽然不足百分之五十，但依其出资额或者持有的股份所享有的表决权已足以对股东会、股东大会的决议产生重大影响的股东。

实际控制人的外延范围比控股股东更广，实际控制人涵盖了所有能够控制公司行为的主体，不仅包括控股股东、控股股东的股东，甚至还包括通过协议约定、投资关系或其他安排能够实现对一企业的实际控制的其他自然人、法人或组织。因此，在一些情况下控股股东即是实际控制人，但在更多的时候实际控制人才是企业最终的控股股东。

三、无实际控制人

相对实际控制人而言，被认定为无实际控制人的情况比较常见的有两种：

一种是股权结构相对分散，第一大股东持股的比例也不足 30％，投资者很难成为控股股东或者实际控制人，也没有其他的间接途径（比如通过对公司治理的机构安排）对董事会、股东大会或者对重大决议产生重大影响；另一种是公司的股权结构并不分散，但单一股东并不能控制公司的股东大会、董事会或对公司的重大决议造成影响。在这两种情况中，如果公司的股东之间不构成共同控制，没有相关的协议安排，那么公司就是处于无实际控制人的状态。由于现实中有一些公司的股权结构相对复杂，控制权的归属无法直接判断，需要根据实际情况判断是否是无实际控制人的状态。

结合无实际控制人的特点和相关法律规定，本书判断上市公司是无实际控制人的依据如下：

（一）股权结构分散

无实际控制人上市公司的股东持股比例一般不超过公司总股本的 35％，股权结构比较分散，公司不存在控股股东和实际控制人。

（二）单一股东无法控制股东大会

无实际控制人上市公司任何单一股东均无法控制股东大会或对股东大会决议产生决定性影响（无实际控制人上市公司不存在任何单一股东所持有的公司股份超过公司总股本 50％的情况）。

（三）单一股东无法控制董事会

无实际控制人上市公司任何单一的股东均没有能力决定半数以上董事会成员的任选。

（四）股东间无一致行动

在无实际控制人上市公司的股东大会中，股东在进行表决前，均没有一致行动的协议或者意向，也不存在任何股东的表决权受到其他股东控制或影响的情形；在无实际控制人上市公司的董事会中，董事在进行表决前，均没有一致行动的协议或者意向，也不存在任何董事的表决权受到其他董事控制或影响的情形。

综上，本书认为可以将同时满足以下条件的公司认定为"无实际控制人"上市公司：①相当多数量的股东持股比例较为接近导致股权集中度较低，从而致使任何一名股东都无法完全拥有董事会和股东大会的最终决策权。②股东之间无其他共同认可的约束条件促使其保持一致行动，企业在经营决策过程中，无论是意思表达或是实际行动方面，都无法达成一致。

四、无实际控制人出现的原因

无实际控制人出现的原因汇总起来，大体可以分为以下几种情况：

情况一：解除一致行为人关系，原实际控制人直接或间接减持持股后，持股股份不够规定标准。如 2017 年的九强生物通过签署声明，解除了邹左军等股东的一致行动人关系，致使公司股权结构分散，进入无实际控制人的状态。又如梅雁吉祥的第一大股东梅雁实业从 2005 年开始一直减持股份，最后导致公司最高持股比例只有 0.66%，梅雁吉祥成了股权极度分散的无实际控制人上市公司。

情况二：上市公司非公开发行股票，原实际控制人持股数量发生变化。如绿景控股采用定向增发，使得前两大股东的持股比例只有 20.72% 和 19.50%，且没有一方可以实际支配股东大会和董事会的表决及任免，绿景控股成为无实际控制人公司。

情况三：重大资产重组。如长电科技以发行股票的方式收购资产，进行重大资产重组，重组完成后第一大股东由新潮集团变更为芯电半导体。但是其前三大股东分别持有 14.28%、13.99%、9.54% 的股份，持股比例十分接近且都不超过 30%，没有一方可以单独对长电科技实施控制，也没有任何一致行动人协议，长电科技成为无实际控制人公司。

情况四：上市公司管理层换届。如韶能股份在换届选举后，原实际控制人失去了对董事会和股东会的实际支配权，导致其变更为具有无实际控制人性质的公司。

情况五：上市之初即为无实际控制人公司。如康尼机电在上市时，第一大股东持股比例仅 18%，股权结构分散，其他股东之间也不存在一致行动和共同控制安排。

第二节　理论回顾

一、MM 理论

现代资本结构理论始于 Modigliani 和 Miller（1958）提出的 MM 理论，他们认为，一个公司的资本结构跟公司的市场价值无关，即公司的投资政策和融资政策是没有关联的，假设不收取公司所得税和个人所得税且公司不存在破产风险，资本市场能够完全有效运行，也就是说公司的市场价值不受公司的资本结构影响。这就是 MM 理论阐述的基本思想。

这一结论是清晰而又有争议的，虽然这个理想市场的假设与现实市场条件并不吻合，但是它提供了一个理想的参照体系。MM 理论按照是否考虑企业所得税，又分为无所得税的 MM 理论和有所得税的 MM 理论。

无所得税的 MM 理论，作为一个理论问题，在一系列的条件下，可以证明资本结构与企业价值无关。在理想的资本市场条件下，债务成本和公司加权平均资本成本是不变的，其并不会因资本结构的变动而变动。若公司增加了负债，那么权益资本成本会随着债务比率的提高而提高，提高的权益资本成本恰好弥补了负债筹资低成本所带来的好处，因而公司的加权资本成本不会随着债务权益比例的变化而变化。从而，在公司未来现金流量确定的情况下，公司的价值也会保持不变。无所得税的 MM 理论可以从两个角度进行：一是利用投资者逃离行为和反证法，二是利用投资者自制财务杠杆。

Miller（1977）在他的经典论文中进一步探讨了在同时存在公司所得税和个人所得税的情况下，公司价值受资本结构影响的情况。较之无所得税的 MM 理论，有所得税的 MM 理论认为企业需要交纳所得税，并且债务的利息可以在税前作为费用扣除。米勒的观点认为，虽然公司负债、权益比率的增加可以提高税后收入，并且债券投资者和股权投资者从公司获得的收益会随着公司税后收入的增加而增加，但是公司的市场价值并不一定会随着公司的投资方式的增加而增加。原因主要是考虑到个人所得税，债券的利息收入所缴纳的个人所得税必须由债券投资者支付，当公司倾向于通过负债融资的方式减少股权投资，以负债利息方式进行支付会使债券投资者利息收入的税负加重，并且促使投资向公司要求更高的利息率从而减少负担，但是这样做的结果是公司负债融资的税收优势会因此而大大降低。总而言之，投资者税负增加恰恰与公司税收减免的好处相抵消。他最后证明了实行累进税制对于公司整体来说，存在一个均衡的负债权益比率使得任何一个公司的市场价值与其资本结构无关的结论在均衡的情况下仍然是成立的。

MM 理论在财务经济学界引起了巨大的反响，引发了后续众多研究者的不断深入研究。在理想环境下 MM 理论逻辑的严谨性无可厚非，但其关于完美资本市场的假设与现实企业实际经营环境存在较大差距。此外，MM 理论要求市场中不存在交易成本，而现实中套利行为所产生的收益有可能不足以弥补交易所引发的费用。且 MM 理论假设负债的增加不会引起负债利息率的改变，但是在现实中，随着企业负债的增加，企业发生破产的风险加大，因此债权人往往要求更高的利息率来弥补这种风险的增加。

二、权衡理论

MM 理论的一个核心是强调了负债能为公司带来税盾收益，但由于财务困境成本的存在，现实中企业不能仅考虑负债的税盾收益而不考虑由此可能增加的风险成本。因此，权衡理论（Trade - off theory）就是在债权融资造成的税盾收益和财务危机成本间进行权衡，以求找到最佳平衡点。

权衡理论最初是由 Myers 提出的，Robichek 和 Myers（1966）在研究中指出，由于税收的原因，利息可以在收益中扣除，因此财务杠杆的存在能够给现有投资者增加价值。但是由于负债增加导致破产和债务重组风险加大，这些风险可能带来的或有成本的发生，又会使得现有投资者价值变少，因此最优债务结构处于同财务杠杆边际递增关系的税盾现值和同财务杠杆不利的边际成本现值相等的点上。

权衡理论可以分为静态权衡理论和动态权衡理论。

标准的静态权衡理论是由 Bradley 等（1984）提出的。静态权衡理论将研究的视角主要放在了与债权融资有关的税盾收益与破产成本上面。其综合了税盾效应和破产成本学派的观点，认为公司最优资本结构就是在债务的税盾效应和破产成本之间的权衡。

但由于企业经营不在单一时期，因此"动态权衡理论"就应运而生。动态权衡理论综合考虑了税收和债务成本以及企业经营时期，该理论一个重要的先驱者是 Stiglitz（1973），他从公共融资角度考察了税收效应。Stiglitz 模型考虑了个人和公司两种税，突出了两种税的不对称性。Brennan 和 Schwartz（1984）及 Kane 等（1984）率先将节税和破产成本均衡纳入动态模型。他们在假设不存在交易成本的情况下用不确定性、税收和破产成本分析了连续时间模型。由于会通过无成本的再平衡应对不利冲击，企业会充分利用节税而保持较高的债务水平。Fischer 等（1989）引入交易成本分析动态资本结构。他们认为最优资本结构是一个范围，并且可以调整，如果负债比率在上下临界点中间波动，则不需要调整，资本结构状态处于最优。如果超过这一范围则随时进行调整。

权衡破产风险的最优资本结构理论解决了最优资本结构的存在性问题，对企业进行资本优化具有指导意义，可以用来解释不同行业的资本结构存在不同的问题。

三、融资优序理论

融资优序理论（Pecking order theory）又称为啄食顺序理论。该理论认为在企业需要融资时，企业首先选择内部融资，即企业内部融资优于外部融资；在企业必须要进行外部融资才能满足需求时，债券融资优于股票融资。根据融资优序理论，企业融资应遵循内部融资—债券融资—股票融资的顺序。

融资优序理论起源于 Myers 和 Mailuf（1984），而他们又受到早期包括 Donaldson（1961）在内的制度学文献的影响。

由于现代公司运转的一个主要特征是公司经营权和所有权的独立，代理成本产生的原因除了是以股东为代表的内部人对管理层的委托代理关系之外，还在于公司的其他利益相关者（外部人）与公司内部人（管理层）之间存在信息不对称。在理想的情况下，只要管理层和外部利益相关者之间信息是完全透明的，没有实现有效监控的信息成本，就可以将这些代理成本降到最低限度。但是，在现实的公司运行中，资本结构与信息不对称问题之间的关系却是非常重要的，更是必须加以考虑的一个重要因素。

他们提出，由于存在信息不对称，投资者对公司资产价值的信息不如公司内部人灵通，股票市场就会被错误定价，因此企业的股东价值在市场上的定价可能是错误的。若公司需要融资时采用发行股票的方式，那么定价太低就会使得新投资者获得比新项目更多的净现值，从而导致现有股东利益的净损失。即使该项目的净现值为正，也会被放弃。换言之，如果投资人相对于公司内部管理层对公司资产价值的了解更少，那么市场上对于股东的权益价值的定价就有可能是错的。低估的股东权益会由于新项目的净现值低于新股东获取的收益而使得公司的管理层不想通过发行股票为投资项目筹集资金。换句话说，管理层发行股票的前提是股票价格高。但是这样就会出现股票因价格过高人们不愿意购买的现象。结果，股权融资就被认为是对公司融资经营的不利方式。

如果存在一种不会被市场严重低估的有价证券为企业融资，如内部融资中的存留利润或无风险的债权融资等，那么就可以避免投资不足，因此，在这种情况下，公司认为内部融资会优于股票融资。Myers 和 Mailuf（1984）的核心理论认为，在信息不对称的前提下，就公司各种可能的融资渠道而言，留存收益、折旧等内源资金本身是由内部管理层所控制的，不存在类似的代理成本和激励问题。因此，内部融资的资金成本相对外部融资而言要低得多。在外部融资渠道中，债权融资具有还本付息和破产清算中优先清偿的权力，因此只要债权人可以得到足额回报，其对信息透明度的要求也相对较低。结果，债权融资中的"拧撑问题"和逆向选择效应相对股权融资而言要低得多，因而造成了债权融资相对于股权融资成本较低的现实。在众多融资渠道中，由于资金成本高低的不同，公司融资顺序也就有较明显的先后之分。企业所需资金首先来自内部资金，在内部资金不足而不得不考虑外部资金时，债券融资就成了次优的选择。债券发行能够减少管理者的信息优势，在自身公司股票被低估的情况下，公司会先选择发行债券而非股票，而发行股票是那些对公司前景不看好的管理层的选择。但当债券发行的成本很高时，如企业的负债达到可以预见的财务危机成本时，公司才可能发行股票融资。而在外部融资中，股权融资由于受到信息不对称程度影响最大，因此融资成本最高，只能作为一种融资渠道的补充来源形式存在。

融资优序理论有一些实证推断：第一，信息不对称的存在会使得公司不按照融资优序理论模式进行。股票被高估的企业倾向于发行股票，股票的发行导致股价下降，而股票被市场低估的企业可能放弃通过发行股票为有利可图的项目融资。第二，代理成本的存在使得代理人偏好更多保留利润，为自身保留较多的可支配的资金，加大代理成本。股价受信息不对称影响越大，就越有可能放弃净现值大于零但需要发行股票融资的项目。第三，不对称信息问题越严重，公司优序融资倾向越强烈。相比成熟行业的公司和风险较小的公司，高科技公司和风险较大的公司信息不对称的问题更加突出，他们进行股票融资的可能性较小。

四、资本结构信号理论

信号理论认为在信息不对称情况下，企业内部和外部对企业的信息获取和认知是不同的，由于内部人具有外界投资者所不具备的信息优势，因此他们可据此优势获利，也可通过诸如投资、筹资和分配等改变资本结构决策的方式向市场释放有利于自己的信息，通过调整资本结构来影响投资者对企业经营状况的判断，改变他们的投资行为，从而改变公司的市场价值。

Leland 和 Pyle（1977）最早将信息不对称理论引入资本结构的研究。他们认为在信息不对称的情况下，借贷双方为了确保投资顺利必须要进行信息的交流，而这些信息可以通过信号的传递来进行，投资本身就可以向贷方传递一种好的消息。融资决策就是企业家和投资者博弈的一个均衡过程。他们通过研究得出以下结论：其一，只有当投资项目的真实市场价值超过成本时，投资项目才会进行；其二，无论投资项目的信号价值多大，随着投资项目风险的加大或企业对风险厌恶程度的增加，企业家在投资项目中的权益比例均会减少；其三，在投资项目的信号传递下，投资风险的增加会提高企业家的预期效用；其四，在投资项目给定的情况下，项目风险越大，债务的最优水平越低。

Spence（1976）提出了信号传递模型。然后逐步将其发展为一般均衡模型。其理论放弃了 Modigliani 和 Miller 的企业外部投资者拥有和企业内部管理者一样的信息和没有信息成本的假设，为后来学者研究资本结构理论开辟了新的切入点，使得资本结构的信息不对称研究成为可能。

Ross（1977）提出了信号激励模型。他假设企业的经理人等内部人比外部投资者具有信息优势，更了解企业的经营状况和发展前景。而外部投资者只能通过经理人传递出的信号来判断企业的价值。投资者把较高的债务水平看作是较好质量的信号，因为低质量的企业由于破产概率较高，通常不敢承担较高的负债。Ross 认为，管理者只有掌握了别人所不能得到的信息，才能做出负责任的决策。身为股东的代理人，管理者的薪酬与其决策直接相关，且这种激励方案是事先确定并为投资者知晓的。Talmon（1981）在 Ross 的研究基础上进一步拓展了信号变量，即将 Ross 的企业资本结构资产负债比的一个信号变量拓展为多个信号变量。他认为如果管理者做出资本结构的决策，市场就能根据此信号，对其公司价值进行判断。当存在信息不对称时，包括金融政策变量在内的资本结构信号是企业价值的重要信号。Poitevin（1989）从在位者公司与进入者公司之间的潜在竞争角度进行分析，认为债券的发行对于金融市场来说是利好消息。Blazenko（1987）根据经营者对风险的厌恶，从信号理论均衡角度分析了资本结构确定问题。他认为，财务杠杆的增加容许经营者保留较大一部分风险股票，对风险的厌恶使得这部分风险股票降低了经营者的福利；若项目质量越高，这种福利降低的程度越小。高质量公司的经营者可以通过拥有更多的负债来体现。

有学者从可转换债券的角度研究信号传递理论。Acharya（1988）认为大部分可转换债券附有可转换条款和可赎回条款，这些条款可强迫债券持有人将其拥有的债券转换为普通股，因此可转换价值接近于赎回和不赎回两个离散的信号。在可转换债券的赎回公告日，有关企业的股票收益是显著的负值，且在现实的市场中，企业也常常延迟执行赎回政策（Mikkelson，1981）。

资本结构信号传递研究除了债券融资信号传递研究外，还包括股权融资信号传递研究。当公司股价被市场低估时，有的公司会进行股权回购，以此向市场传递出公司发展前景良好的信号，提升市场对其发展的信心，提升市值和改善公司形象。在股票回购后，企业获得显著的超额收益（Vermaelen，1981）。Ikenberry（1995）认为除了股价被低估，企业一般不公布其回购的动机。要约回购也是信号传递方式的一种，Commen 和 Jarrell（1991）研究发现当企业股价被低估时，企业会倾向股票回购方式提升市场信心，且与公开市场回购相比，要约回购能传递出更强烈的积极信号。此外，定向增发是企业融资的方式之一，在信息不对称程度较高时，企业会采用此方式。我国学者章卫东（2003）认为在信息不对称情况下，企业融资的选择顺序依次是定向增发、公开增发、配股。朱武祥等（2003）分别考察了上市公司股票增发的公告日、发行日和上市日的市场情况，发现市场对增发的反应总体是负面的，但具体到每一个公司，市场反应受增发规模、增发价格、市场价格等因素的影响，表现为或正或负。

五、委托代理理论

委托代理理论是契约理论最重要的发展理论之一，主要考虑企业中的代理关系。委托代理理论的假设前提是委托人和代理人都是"经济人"，都具有追求自身效用最大化和机会主义行为倾向。委托代理理论主要考虑两种利益冲突：其一，股东与管理者的利益冲突；其二，股东与债权人的利益冲突。前者构成了公司治理结构学派的核心，后者则是财务契约论的中心内容。

Jensen 和 Meckling（1976）分别阐述了上述两种冲突。

第一，股东和管理者之间的利益冲突。这种冲突是在所有权与经营权分离的公司制度下和信息不对称的前提下，委托人和代理人的经济目标不完全一致，承担的风险大小不对等原因造成的。

委托代理理论认为，随着生产力的发展，专业化分工产生了所有权与经营权的分离，委托人为追求自身利益最大化，而将其拥有的资源（或资本）委托给代理人进行经营管理，并要求代理人以委托人的利益最大化为目标进行决策与行动，委托人与代理人之间建立委托代理关系。但在委托代理的关系当中，由于委托人与代理人的效用函数不一样，带来了委托代理冲突，在利益相冲突和信息不对称的环境下，委托人需要设计最优契约激励代理人，使得代理人利益与委托人利益相容，达到帕累托最优。代理人负责公司的日常运营，与外部信息使用人相比，更充分了解企业内部运营，但代理人为追求自身效用最大化，其行为可能会侵害投资人和企业效益。代理问题产生的直接后果是造成包括委托人的激励监督成本、代理人的担保成本和剩余损失在内的代理成本的增加，从而影响经济绩效。为了规避代理人的道德风险，保证投资资本的保值增值能力和投资效益最大化，所有者应对代理人进行有效的激励和监督。委托代理理论强调对管理层的激励机制和约束机制，提升企业的运营能力，防止经营者偏离股东的利益，进而降低企业的资本成本，以期实现企业价值的最大化。

第二，债权人和股东之间的利益冲突。这种冲突的产生源于债务契约会刺激股东做出次优的投资决策。在高风险的投资所带来高额的回报中，股东将享受其中大部分的利润；若投资失败，因为有限责任的存在，债权人将承担最终失败的后果，这种投资带来的后果就是债券价值的降低。如果债券发行时，债权人可以提前预计到股东的未来行动，股东将代替债权人承担这种代价。此时，股东从债券中的获利将减少。

因此，人们希望债券契约条款能够防止资产替代问题的产生，在其他条件相同的情况下，发生资产替代的机会越有限的行业，其负债水平越高。那些增长缓慢甚至负增长且经营活动又可产生大量现金流的企业应该拥有更多的债务，因为在没有好的投资项目而企业有大量现金流入的情况下，管理层会产生自利行为，如增加在职消费、过度投资等，债务的增加可以减少企业自有现金流量，在一定程度上抑制管理层的自利行为。

公司治理结构学派和财务契约论派分别就上述两种冲突提出了解决对策。

（一）公司治理结构学派

针对股东和管理者之间的代理问题，公司治理结构学派主要从企业控制权角度分析资本结构问题，并试图解释管理者控制企业所有权对资本结构的影响。

Harris 和 Raviv（1985）的研究提出，管理者不会从股东利益最大化的角度出发行事，他们必须被监督，债务就是其中一种监督工具。债务可以使股东拥有法律上的权力强制管理者提供有关企业各方面的信息，并通过这些信息来判断是否继续经营或进行破产清算。即使投资者愿意进行破产清算，管理者也可能想继续维持经营，债务的存在赋予投资者和债权人在现金匮乏的情况下强制破产的权利。Harris 和 Raviv（1990）认为最优资本结构是出现在破产决策和信息成本之间的均衡点。债务水平越高，拖欠行为越容易发生，在企业拖欠行为发生后，破产决策就由投资者控制。但投资者需要耗资去搜集与破产决策相关的信息，用于做出最佳的破产决策。破产越频繁，成本就越大。

Jensen（1986）认为，债务可以减少自由现金流量，资本结构由这些债务收益与债务成本的均衡来决定。Stulz（1990）认为，债务所带来的支付不仅减少了自由现金流量，同时也减少了有利项目投资的现金，最佳的资本结构由避免投资减值项目的债务收益和避免投资增值项目的债务成本来权衡。除非当被接管的威胁变大时，管理者是不愿意实现最佳的债务水平的。因此，在其他条件相同的情况下，被接管可能性大的公司，会期望更多的负债；接管公司则期望拥有较少的债务。最终，增值投资机会产生的价值高于减值投资机会破坏的价值的公司将比情况相反的公司拥有更少的债务，原因在于这类公司排在首位考虑的是要抓住创造价值的机会。

（二）财务契约论派

针对股东和债权人之间的利益冲突，财务契约论派认为，可以通过债务契约达到解决问题的目的。股东和债权人利益冲突来自财务的转移，当公司资本结构中存在负债时，普通股股东有充分的激励来做出有损于债权人而利己的行为，如投资于高风险高报酬的项目。由于股东只承担有限责任及债务利率的刚性，高风险项目失败的风险主要由债权人承担，高风险所对应的高收益却是由股东享有。此外，股东还可在资本结构中继续借新的资金来冲淡对原有债权人利益的保护。股东的这些行为直接导致了公司信用等级的降低，从而使得债权人的债务市值降低，债权人面对股东的这些措施必然会采取措施。Jensen 和 Meckling（1976）称之为风险转移（Risk-shifting）的债券代理问题。

为保护自己的利益，债权人会采取两类措施：一是提高债务的利率水平，二是在债务协议中增加保护性条款（如限制新的债务、对一些资产的限制出售和购买等）。保护性条款的实施会产生监控成本，限制性条款越多，监控成本也就越高。此外，限制性条款会损害公司的自主经营能力，并带来管理者的低效率和机会主义行为，最终损害债权人和股东的利益。在这种情况下，股东和债权人之间代理成本的均衡点在于债权人利息减少额等于额外的监控和签约成本。

财务契约论最早是由 Smith 和 Warner（1979）提出的，他们首先将债权人和股东之间的财务冲突归结为股利发放、债权稀释、资产置换和投资不足四个方面，然后通过美国同业交易基金会编撰的债券限制条款进行归纳总结，得出限制性条款能够控制上述冲突，降低代理成本。他们认为，通过财务契约设计来控制债券人和股东之间的冲突可以提高公司总价值。

六、利益相关者理论

利益相关者理论的思想可以追溯至 Dodd（1932）的观点，他认为公司董事除了要对股东负责外，还应对其他利益主体负责。Penrose（1959）提出的"企业是人力资本和人际关系集合"的观点，进一步为利益相关者理论的形成奠定了"知识基础"。利益相关者的理论概念由美国斯坦福研究院于1963年首次提出。该理论把与企业关系密切的人称为"利益相关者"，传统的"股东至上"理论开始受到挑战。Ansoff（1965）提出，企业制定战略目标的前提是平衡企业各利益相关者之间相互冲突的索取权。Freeman（1984）在其经典著作《战略管理：利益相关者方法》中对利益相关者的含义进行了论述，并基于所有权、经济依赖性和社会利益三个维度对利益相关者进行了基本的分类，确立了利益相关者分析的理论框架，提出了系统完整的利益相关者战略管理框架模型，首次系统化了利益相关者理论。该著作被称为利益相关者理论的开山之作，利益相关者理论成为理论界和实务界研究的热点问题。继Freeman后，诸多经济学家等对利益相关者理论展开进一步研究，不断完善利益相关者理论并拓展了其对实务的研究。

对利益相关者的界定，Freeman提出利益相关者是能够对企业目标的实现产生影响，或者受到企业目标实现过程影响的所有个体和群体。他将利益相关者分为三类：其一是所有权利益相关者，包括股东、董事和高管人员等；其二是经济依赖性利益相关者，包括员工、债权人、消费者、供应商、竞争者和社区等；其三是社会利益相关者，包括政府和媒体等。Clarkson（1995）将利益相关者按照与企业联系的紧密程度分为主要利益相关者和次要利益相关者，主要利益相关者包括股东、员工、供应商和消费者等，次要利益相关者包括政府、社区和媒体等。贾生华和陈宏辉（2002）认为利益相关者是对企业采用了专用型投资，并承担相应风险的群体和个人，这些群体和个人的活动和企业目标的实现是相互影响的。对利益相关者的界定和划分提高了利益相关者理论的可操作性，促进了利益相关者理论的应用和发展。

利益相关者理论认为企业的生存发展除了要依赖股东投入的股权资本和债权人投入的债权资本外，还要依赖于高管和员工的人力资本的投入，消费者、供应商和客户对市场资本的投入，政府及社区对企业经营环境资本的投入等。企业受到其包括资本投资者在内的所有利益相关者的委托，各利益相关者从企业发展中获益的同时也应承担企业相应的风险。Goodpaster（1991）认为，企业在承担实现股东利益最大的契约责任的同时，还要承担对其他利益相关者的伦理责任。企业不仅要平衡各个利益相关者的诉求，还要解决各利益相关者的利益冲突，满足各利益相关者的合法权益，企业追求的目标应是既要包括股东价值最大化，还要包括其他利益相关者价值最大化，实现企业综合社会福利最大化。刘利（2009）提出，利益相关者理论的出发点是企业的社会责任。赵建梅（2010）认为，利益相关者理论明确了企业履行社会责任的动因，合理地界定了社会责任履行的对象，并对企业社会责任履行的定量评价提供了独特的视角和可操作的方法。总而言之，利益相关者理论为企业社会责任研究提供了一种基础理论框架，促进了企业社会责任研究的发展。

七、人力资本理论

人力资本理论是 20 世纪 50 年代末至 60 年代初形成的一种新的经济增长理论。这一理论专门研究了人的知识和技能等在生产中发挥的重要作用和对经济增长的巨大贡献。它对教育在国民经济中的地位和作用给予了高度的评价和论证，从一个新的角度探讨了经济增长的动力和源泉，故它一出现就引起经济学界和教育学界的关注。

明塞尔（1957）在《人力资本投资与个人收入分配》一文中正式提出人力资本的概念，经舒尔茨和贝克尔对其进一步研究发展成为系统的理论。舒尔茨从长期的农业经济问题的研究中发现，在 20 世纪前半叶，是人的知识、能力和技术水平的提高，而不是土地、劳动力数量或资本存量的增加，促使美国农业生产持续发展。舒尔茨在 1960 年美国经济学年会上发表了一篇讲演——《论人力资本的投资》来阐述他的观点。他指出，人力资本体现在人的身上，表现为知识、技能、资历、经验和熟练程度等，综合起来就是人的素质；人力资本是通过投资形成的资本，其渠道包括医疗保健费用、学习教育费用、在职人员培训费用、择业过程中所发生的人事成本和迁移费用等。舒尔茨认为，投入与产出间的增长速度之差，一部分是规模收益，另一部分是由于人力资本带来的技术进步的结果。

此后，加里·贝克尔（Gary Becker）、舍温·罗森（Sherwin Rosen）、爱德华·丹尼森（Edward Denison）、罗伯特·卢卡斯（Robert Lucas）等人从多角度进一步拓展了人力资本理论。加里·贝克尔（Gary Becker）认为人力资本是体现在人身上的技能和生产知识的存量，或者说是蕴含在劳动者体内的知识、技能、体力的总和，人力资本投资的收益或报酬取决于一个人的技能和获利能力。罗伯特·卢卡斯（Robert Lucas）将企业中的人的要素分为有形资本和无形资本，并将劳动力划分为纯体力的原始劳动和专门化的人力资本。人力资本正在从物质资本的附属地位，转变为支配、管理、运用物质资本的主导性地位，并成为财富增长的关键性和主导性生产要素。Georgi（2002）通过总结前人的研究成果，提出人力资本可以分为三部分：其一是由个人知识、教育和经验组成的，并需要不断补充和更新的技能资本；其二是打破已建立的均衡，寻找新均衡的能力，并能够对不均衡做出反应的企业家能力；其三是能够不断积累知识的能力。人力资本由于具有专用型、能动性、不可抵押性和增值性等特点，因此可以因经验的不断丰富、信息的不断积累以及能力、智慧等综合素质的全面提高使人力资本拥有的价值不断增加。

通常，人力资本可以分为一般型人力资本、技能型人力资本、管理型人力资本和企业家型人力资本等四个不同的层次（李忠民，1999）。人力资本载体有知识、经验与技能等不同形式，从而导致其他条件同等的情况下，不同人力资本所提供的效益不同。不同层次人力资本的社会分工也不同，在对企业价值创造中的贡献也不同。因此，不同类型的人力资本在价值计量、投资、收益分配等方面的管理各有特点，不同层次的管理人员、科技骨干、业务能手等属于企业的人力资本在企业中所扮演的角色、承担的风险不同，对企业的贡献不一致，享有的权益也应有所差异。人力资本的一致性要求对企业的人员进行分层计量和管理。

八、不完全契约论

不完全契约理论是经济学界在对完全契约理论批判性思考的基础上逐渐形成的。它已构成现代契约理论的一个重要分支，是现代经济学和组织理论的重要组成部分。不完全契约的思想是 Coase（1937）在其经典论文《企业的性质》中提出的。他认为由于预测的困难，有关物品或劳务供给的契约期限越长，实现的可能性就越小，因此买方也就越不愿意规定对方该干什么。Simon（1951）在研究雇主与雇员之间的权威关系时，首次提出了不完全契约的模型。GHM 理论模型（Grossman 和 Hart，1986；Hart 和 Moore，1990；Hart，1995）的建立标志着不完全契约理论的正式形成。Hart 和 Moore 将行为经济学的分析和实验方法引入契约理论，提出参照的契约论，进一步完善不完全契约理论的发展。

契约又称合约、合同或协议，对缔约双方的责、权、利进行了规定与安排，对缔约双方的行为具有规范和约束作用。Grossman 和 Hart（1986）认为，契约的不完全性是由于缔约人非完全理性、外部环境复杂性和不确定性、信息的不对称性及交易成本的存在，契约的缔约人或仲裁者不能证实或观察一切所导致的。Tirole（1999）和 Maskin（2002）研究发现契约不完全成本主要由预见成本、缔约成本和证实成本构成。由于缔约不完全使得事前最优契约失效，因此给缔约人违约提供了空间，缔约人通过对履约的边际效益和违约的边际成本比较来决定是否履约。若履约的边际效益大于违约的边际成本则履约，否则就会违约。不完全契约容易导致缔约方的机会主义行为，引起资源配置非效率，也是交易费用产生的重要原因。

不完全理论认为既然不能把各种可能情况下的缔约双方责、权、利都规定清楚，那么应在自然状态出现后再谈判来解决，因此事前权力安排和机制的设计就成了重中之重（杨瑞龙和聂辉华，2006）。通过对契约不完全形成的剩余权力的配置可以缓解资源配置非效率的情况。苏启林和申明浩（2005）认为，不完全契约为代理人的机会主义提供了空间，不完全契约理论是公司治理的基础工具之一，公司治理理论与不完全契约范式的出现和演化密切相关。

企业生存和发展的物质基础，除了包括股东及其股权资本、债权人及其资本外，还必须包括利益相关者的投入，如高管和员工投入的人力资本、客户和供应商及消费者投入的市场资本、政府投入的公共资源等。Zingales（1997）认为，企业与这些利益相关者之间存在着一系列的契约，这种契约往往是不完全的，不能对公司的所有行为进行明确的规定，因此，契约的不完全性凸显了公司治理存在的必要性。契约的不完全性可以通过建立契约伦理行为规范来解决（Sacconi，2001）。企业的社会责任是一种正式或非正式的契约或制度，其本质可以指导企业行为，能够更好地促进企业与各利益相关者契约的履行，有效弥补契约不完全对企业行为约束的不足。

九、组织公平理论

组织公平理论包括分配公平、程序公平和互动公平三个维度。

分配公平起源于美国心理学家亚当斯（Adams）的研究。他从社会交换理论的视角，研究人们自身和参照对象的收获与投入之比，据此来判断分配结果是否公平。人们比较的结果可以分为两种：其一是自身收获投入比与参照对象相等，那么人们会有公平感；其二是自身收获投入比与参照对象不相等，那么人们会产生不公平感。当人们感受到不公平时，会采取各种行动来改变不公平的状态，比如减少自己投入、减少参照对象的收获、改变参照对象等，其目的都是使比较结果重新平衡。亚当斯的理论可以说是组织行为学界有关公平问题最为广泛接受的公平理论，其关注的是人们如何判断分配结果是否公平。

程序公平源于蒂鲍特和沃克（Thibaut 和 Walker，1975）对法律程序公平问题的研究。他们认为，只要人们有过程控制（即参与诉讼过程）的权利，不管最终判决结果（即决策）是否对自己有利，人们的结果公平感都会显著增加。利文撒尔等（1980）结合组织的特点将程序公平运用到组织中，创新性地提出了程序公平的六条准则，分别为一致性准则、避免偏见准则、准确性准则、可修正准则、代表性准则、道德伦理准则等。

互动公平源于贝斯和莫格（Bies 和 Moag，1986）对分配结果反馈执行时的人际互动方式对公平感的研究。互动公平关注的是在执行程序或决定结果时，权威或上司对待下属的方式，如是否有礼貌，是否考虑到对方的尊严，是否尊重对方，是否给当事人传达了应有的信息等。他们认为权威或上司在执行程序或决定结果时与下属的互动会影响结果的公平。Greenberg（1990）进一步将互动公平分解成人际公平和信息公平两部分。人际公平是指权威或上司在执行程序过程中对被执行者礼貌对待和尊重的程度，信息公平是指权威或上司在执行程序过程中对被执行者原因的解释。矫幸（2007）通过研究公平和效率，认为公平可以进一步深化为社会公平和经济公平。经济公平是为了保证经济秩序和促进实现市场效率，体现参与者在经济利益分配中的公正有序；社会公平是为了保证社会人的基本权利和社会的稳定，强调社会成员之间的权利公平、机会公平、规则公平和分配公平等方面。周浩（2009）认为知觉的公平是员工对某事物公平与否的主观判断和感受。Greenberg（1987）认为当人们没有得到应得的报酬时会感到愤怒，而这种愤怒情绪会影响其态度和行为的改变。没有受到公平待遇的人通过减少或改变其努力程度，使其达到努力和预期所得相符。组织公平理论从个人的心理感受和行为反应出发，认为对公平的感知会使得员工改变其行为，进一步影响企业的效率，而组织和谐能够极大地提升组织生产效率。

十、信号传递理论

信号传递理论是资本结构理论近十年来发展最为迅速的一个分支，它探讨了不对称信息下，企业怎样通过适当的方法向市场传递有关企业价值的信号，以此来影响投资者的决策。在信息不对称的情况下，内部人必须通过适当的企业行为才能向市场传递有关信号，外部投资者理性地接受和分析内部人的这种行为。

Leland、Pyle 和 Ross 最早研究了激励与信号对融资决策的影响，提出了资本结构的信号传递理论，指出企业资本结构的变化能够向市场传递有关企业经营绩效的信号。Ross（1977）的研究表明，公司负债比例传递了有利于公司价值的信号，公司价值与负债比例正相关。而 Leland 和 Pyle（1977）提出，管理者持有公司的股票数量越多，表明公司未来赢利的前景越好，公司质量越高。

为了提高企业的融资能力及吸引更多的外部投资者，基于信息不对称理论，价值更高的企业会通过传递企业价值的信号来区别于其他企业，以此来证明自己的投资价值。这些证明企业价值的信号则成为外部投资人投资的参考基础。如果信号是均衡的话，信息不对称可通过投资者对企业管理者决策行为的观察而消除，同样企业管理者也能通过选择财务政策将效益放大。

十一、最优契约理论

最优契约理论认为，股东和董事会可以协调解决所有问题。它将企业绩效与代理人有机联系起来，促使代理人从委托人利益角度进行企业生产经营管理，提升企业价值。董事会受控于股东，并由股东大会选举产生，其目标能够与股东保持一致。董事会对代理人进行选聘，设计满足股东利益最大化目标的薪酬契约，并对企业经营绩效进行考核，从而有效监督代理人行为。在最优契约理论中，董事会完全站在股东立场，其目标和行为也是基于股东利益最大化考虑；董事会完全能够与高管进行公平的薪酬议价，签订薪酬契约。因此，股东与高管的代理问题也因合理的薪酬契约安排而得以解决，两者之间均对企业剩余索取权和控制权享有同等权利，从而有效解决股东和高管之间的代理成本问题，这就使得高管薪酬与企业绩效相联系起来。有关最优契约理论的实证研究主要是集中于分析高管激励补偿的有效性，考察高管薪酬对企业绩效的敏感性以及如何合理安排薪酬契约。依据最优契约理论，高管薪酬与企业绩效之间应该呈正相关关系，但实务界对薪酬激励的效果还存在一定争议。

十二、管理权力理论

管理层在企业中处于绝对的权力支配地位，能够通过自身权力影响企业决策，掌控着企业内部的所有信息。尽管高管薪酬是由董事会决定的，但是管理层通常并不是被动地接受薪酬，他们会利用自身权力去影响和干预董事会的决定，甚至操纵薪酬制定。

Martin Conyon 和 Simon Peck 等（1998）指出，超过 40％的上市公司存

在 CEO 兼任薪酬委员会成员的现象，薪酬委员会与管理层并没有独立开来，而且会受到管理层的影响。Brian Main（1993）通过研究英国公司对高管薪酬的制定方式发现，许多公司存在 CEO 控制公司董事提名的情况，严重影响了董事会的独立性。卢锐（2007）指出管理层权力对企业薪酬和绩效具有重要影响，管理层权力与企业内部薪酬差距存在一定正相关关系，说明管理层权力无助于增强企业薪酬激励。

十三、资源依赖理论

资源依赖理论认为，个体独立存在是不可能的，个体必须从与外部环境联系当中获取必要的资源才能够得以生存和发展。个体组织对外部环境的依赖程度取决于对外部资源的需求程度，也就是说，外部所拥有资源的稀缺性和珍贵性决定了个体组织的依赖方向和程度。

作为资源依赖理论的集大成者，Pfeffer 和 Salancik（1977）认为，资源依赖理论是建立在如下假设基础之上的：个体组织主要看中生存，为了更好地生存，个体组织需要各种资源，而组织本身并不拥有这些资源，所以，个体必须要与外部环境相交往。外部环境通常包括其他组织，个体生存是基于本身处理与其他组织关系的能力基础之上的。组织与外部环境的联系是相互博弈的过程，组织只有满足外部环境的条件要求，才能够从中获取资源。所以，相互性的需求依赖是资源依赖理论的最突出特点，只是组织之间的依赖程度有所差异。

基于资源依赖理论的分析并结合我国国情发现，企业对外部环境的依赖性较强，为了维护与政府、社区及民众之间的关系，企业会积极主动地承担和履行社会责任，比如热衷于慈善捐助或者关注环境保护等以增进企业的社会声誉。另外，当前一些重大责任事故的发生也使企业面临来自不同利益相关方的压力，迫使其认真履行社会责任，搞好安全生产，切实保护各利益相关方的合法权益。

十四、产权理论

所谓产权，是指对财产进行转让并获利的权利。产权的基础是财产所有权，它与剩余索取权和剩余控制权有着紧密联系。所有权能够决定剩余索取权和剩余控制权的分配，现代企业所有权和经营权分离，实际上是所有者将剩余控制权转交给了经营者。契约存在不完备性，复杂的环境使得人们不可能预测未来各种情形，因此权利和义务无法完全在契约中得以体现，产权理论能够明确契约各方的权责，提高资源的使用效率。

公司治理的本质就是公司产权交易的契约，契约是交易双方在平等、公正、自愿原则基础上，明确权利发生转移的一项规则。股东、董事会和经营管理人员之间的制衡关系实质上也是一种企业契约关系，它是公司产权在公司内部进行的产权交易。为保证公司产权内部交易高效合理，就要依靠制度加以约束，这就涉及公司治理问题。产权与公司治理是息息相关的，不同的产权结构会导致不同的公司治理模式。

十五、信息不对称理论

信息不对称是指交易双方在复杂的经济环境中，无法掌握对方的所有信息，其中一方拥有比对方更完备的信息，而另一方却不知晓。信息渠道不同、信息公开程度不同等原因都会导致信息的不对称，信息的不对称又会导致代理问题产生。在委托代理关系中，代理人既完全知晓自身知识水平、管理能力和努力程度等情况，又通过参与企业生产经营管理，掌握了一些关键信息，委托人却不知晓代理人的能力、可靠程度等，也没有直接参与企业经营管理，这就导致了委托人和代理人的信息不对称。

代理人在信息不对称情况下，通常会利用自身掌握的信息优势，谋求个人利益而忽视委托人的利益。一方面，代理人可能采取逆向选择行为，即签订合同前，代理人凭借自身信息优势，会隐瞒对自己不利的信息，签订对自身有利的合同；另一方面，代理人可能存在道德风险，即合同签订之后，代理人会采取实现个人利益最大化的行为，而损害委托人的利益。信息不对称除了存在于股东和经营管理者之间，还存在于经营管理者和其他利益相关者之间，这就使得委托人和代理人之间签订一份能够预测未来各种可能性事件的契约是不可能的。因此，现代企业存在的契约不完全性需要靠公司治理来解决。

参考文献

[1] Acharya S. A Generalized Econometric Model and Tests of a Signalling Hypothesis with Two Discrete Signals [J]. Journal of Finance, 1988, 43

(2)：413－429.

[2] Adams J S. Towards An Understanding of Inequity [J]. Journal of Abnormal Psychology, 1963, 67 (5)：422－436.

[3] Adolph B. For Whom Are Corporate Managers Trustees：A Note [J]. Harward Law Review, 1932, 68：1365－1367.

[4] Akerlof G A. The Market for "Lemons"：Quality Uncertainty and the Market Mechanism [J]. Quarterly Journal of Economics, 1970, 84 (3)：488－500.

[5] Becker G S. Human Capital, Effort, and the Sexual Division of Labor [J]. Journal of Labor Economics, 1985, 3 (1)：33－58.

[6] Becker G S. Investment in Human Capital：A Theoretical Analysis [J]. Journal of Political Economy, 1962, 70 (5)：9－49.

[7] Blazenko G W. Managerial Preference, Asymmetric Information, and Financial Structure [J]. Journal of Finance, 1987 (42)：839－862.

[8] Bradley M, Jarrell G, Kim E H. On the Existence of An Optimal Capital Structure Theory and Evidence [J]. Journal of Finance, 1984, 39：857－877.

[9] Brennan M J, Schwartz E S. Optimal－Financial Policy and Firm Valuation [J]. Journal of Finance, 1984, 39：593－607.

[10] Clarkson M E. A Stakeholder Framework for Analyzing and Evaluating Corporate Social Performance [J]. Academy of Management Review, 1995, 20 (1)：92－117.

[11] Coase R H. The Nature of the Firm [J]. Economica, 1937, 4 (16)：386－405.

[12] Donaldson K O, Keresztesy J C. Further Evidence on the Nature of Prefolic A [J]. Biochem Biophys Res Commun, 1961, 5 (4)：289－292.

[13] Fischer E, Heinkel R, Zechner J. Dynamic Capital Structure Choice：Theory and Tests [J]. Journal of Finance, 1989, 44：19－40.

[14] Goodpaster K E. Business Ethics and Stakeholder Analysis [J]. Business Ethics Quarterly, 1991, 1 (1)：53－73.

[15] Greenberg J. Employee Theft as A Reaction to Underpayment Inequity：The Hidden Cost of Pay Cuts：Correction [J]. Journal of Applied

Psychology，1990，75（5）：561－568.

[16] Greenberg J A. Taxonomy of Organizational Justice Theories ［J］. Academy of Management Review，1987，12（1）：9－22.

[17] Greenberg J. Organizational Justice：Yesterday，Today，and Tomorrow ［J］. Journal of Management，1990，16（2）：399－432.

[18] Grossman S J，Hart O D. The Costs and Benefits of Ownership：A Theory of Vertical and Lateral Integration ［J］. Journal of Political Economy，1986，94（4）：691－719.

[19] Harris M，Raviv A. A Sequential Signalling Model of Convertible Debt Call Policy ［J］. Journal of Finance，1985，40（5）：1263－1281.

[20] Hart S. A Natural Resource－based View of the Firm ［J］. Journal of Political Economy，1986，94（4）：691－719.

[21] Ikenberry D，Lakonishok J，Vermaelen T. Market Under－reaction to Open Market Share Repurchases ［J］. Journal of Finance Economics，1995，39（1）：181－208

[22] Jensen M C，Meckling W H. Theory of the Firm：Managerial Behavior，Agency Costs and Ownership Structure ［J］. Social Science Electronic Publishing，1976，3（4）：305－360.

[23] Jensen M C. Agency Costs of Free Cash Flow，Corporate Finance，and Takeovers ［J］. American Economic Review，1986，76：323－329.

[24] Kane A，Marcus A J，Mc Donald R L. How Big is the Tax Advantage to Debt? ［J］. Journal of Finance，1984，39（3）：841－853.

[25] Leland H E，Pyle D H. Information Asymmetries，Financial Structure，and Financial Intermediation ［J］. Journal of Finance，1977（32）：371－387.

[26] Lucas R E. Human Capital and Growth ［J］. American Economic Review，2015，105（5）：85－88.

[27] Maskin E，Tirole J. Unforeseen Contingencies and Incomplete Contracts ［J］. Review of Economic Studies，1999，66（1）：83－114.

[28] Maskin E. On Indescribable Contingencies and Incomplete Contracts ［J］. European Economic Review，2002，46（4）：725－733.

[29] Mikkelson W H. Convertible Calls and Security Returns ［J］. Journal of Financial Economics，1981，9（3）：237－264.

［30］ Miller M H. Debt and Taxes ［J］. Journal of Finance, 1977, 23:
261—275.

［31］ Modigliani F, Milier M H. The Cost of Capital, Corporation Finance
and The Theory of Investment ［J］. American Economic Review, 1958,
48 (2): 261—279.

［32］ Myers B D, Ross J, Newton L, et al. Cyclosporine—associated Chronic
Nephropathy ［J］. New England Journal of Medicine, 1984, 311 (11):
699—705.

［33］ Myers S C, Majluf N. Corporate Financing and Investment Decisions
When Firms Have Information That Investors Do Not Have ［J］. Journal
of Financial Economics, 1984, 13: 187—221.

［34］ Oliver H, John M. Contracts as Reference Points ［J］. The Quarterly
Journal Economics, 2008, 123 (1): 1—48.

［35］ Piazza—Georgi B. The Role of Human and Social Capital in Growth:
Extending Our Understanding ［J］. Cambridge Journal of Economics,
2002, 26 (4): 461—479.

［36］ Poitevin M. Financial Signaling and the "Debt—pocket" Argument ［J］.
Rand Journal of Economics, 1989 (20): 26—40.

［37］ Robichek A A, Myers S C. Problems in the Theory of Optimal Capital
Structure ［J］. Journal of Financial & Quantitative Analysis, 1966, 1
(2): 1—35.

［38］ Ross S A. The Determination of Financial Structure: The Incentive—
Signalling Approach ［J］. Bell Journal of Economics, 1977, 8 (1): 23—
40.

［39］ Sacconi F, Carlo A D, Lugli P, et al. Spontaneous and Piezoelectric
Polarization Effects on the Output Characteristics of AlGaN/GaN
Heterojunction Modulation Doped FETs ［J］. IEEE Transactions on
Electron Devices, 2001, 48 (3): 450—457.

［40］ Smith C W, Warner J B. Bankruptcy, Secured Debt, and Optimal
Capital Structure: Comment ［J］. The Journal of Finance, 1979, 34
(1): 5.

［41］ Spence M. Competitive and Optimal Responses to Signals: An Analysis of Efficiency and Distribution [J]. Journal of Economic Theory，1976，7（3）：296—332.

[42] Stiglitz J E. Taxation，Corporate Financial Policy and the Cost of Capital [J]. Journal of Public Economics，1973，2：1—34.

[43] Stulz R. Managerial Discretion and Optimal Financing Policies [J]. Journal of Financial Economics，1990，26（1）：3—27.

[44] Vermaelen T. Common Stock Repurchases and Market Signalling：An Empirical Study [J]. Journal of Financial Economics，1981，9（2）：139—183.

[45] Zingales B，Pereira M E，Oliveira R P，et al. Trypanosoma Cruzi Genome Project：Biological Characteristics and Molecular Typing of Clone CL Brener [J]. Acta Tropica，1997，68（2）：159.

[46] 贝克尔. 人力资本 [M]. 梁小民，译. 北京：北京大学出版社，1987.

[47] 矫幸. 关于我国的公平与效率问题研究 [D]. 长春：吉林大学，2007.

[48] 贾生华，陈宏辉. 利益相关者的界定方法述评 [J]. 外国经济与管理，2002（5）：13—18.

[49] 李忠民. 人力资本 [M]. 北京：经济科学出版社，1999.

[50] 刘利. 利益相关者利益要求实现方式的实证研究 [J]. 西安财经学院学报，2009，22（2）：78—86.

[51] 明塞尔. 人力资本研究 [M]. 张凤林，译. 北京：中国经济出版社，2001.

[52] 舒尔茨. 论人力资本投资 [M]. 吴珠华，等，译. 北京：北京经济学院出版社，1990.

[53] 苏启林，申明浩. 不完全契约理论与应用研究最新进展 [J]. 外国经济与管理，2005，27（9）：16—23.

[54] 彭罗斯. 企业成长理论 [M]. 赵晓，译. 上海：上海人民出版社. 2007.

[55] 杨瑞龙，聂辉华. 不完全契约理论：一个综述 [J]. 经济研究，2006（2）：104—115.

[56] 章卫东，王乔. 论我国上市公司大股东控制下的股权再融资问题 [J]. 会计研究，2003（11）：44—46.

[57] 朱武祥，郭洋. 行业竞争结构、收益风险特征与资本结构——兼论股票市场资本风险配置效率及融资监管条件的调整 [J]. 改革，2003（2）：

57－67.

[58] 赵建梅. 利益相关者理论与企业社会责任研究——一种理论研究路径的分析与评价 [J]. 科技进步与对策，2010，27（24）：12－15.

第二章　无实际控制人上市公司的融资行为研究

第一节　相关概念的界定

一、企业融资

融资，简单来讲就是资金融通。资金是企业展开经营活动的前提，其根源在于货币的一般等价物的特性。企业只有在有了资金之后才能到市场上获取进行生产活动所需要的要素。企业融资是通过一定的融资渠道和采取一定的融资方式，筹集企业所需的资金来满足其生产经营、对外投资以及资本结构调整的需求。融资行为包括企业的融资渠道选择、融资方式选择以及具体的融资契约设计。融资行为实质上是一种融资方式的安排，融资方式安排的合理与否，对企业的融资结构和融资绩效会产生极大的影响。

企业融资的方式是多样的，标准不同，划分的方式也各不相同。如果从资金获取角度出发，融资可以分为内部融资与外部融资。内部融资，是企业用自身内部的盈余积累来进行融资，主要依靠企业的留存盈余、累计折旧、固定资产的变现等产生的内部资金。内部融资对企业的资本形成具有原始性、自主性、低成本性和抗风险性的特点，是企业生存与发展不可或缺的重要组成部分。外部融资是企业吸收其他经济主体的储蓄，使之转化为自己的投资的过程。它对企业的资本形成具有高效性、灵活性、大量性和集中性的特点。一般来说，企业自主融资的首选方式是内部融资。但伴随着企业规模与生产经营不断扩大，企业对资金的需求很难再通过内部融资得到满足，所以企业必须向外部寻求资金来源。

外部融资，是指企业直接或通过中介从企业外部获取的资金。由于区分方式不同，可以区分为直接融资和间接融资，如图 2-1 所示。直接融资又可以根据资金产权归属的差异划分为股权融资和债权融资，间接融资则包括了银行贷款和商业信贷等。其中，直接融资是在资本市场上直接从资金的供给方获得融资，间接融资则需通过金融中介机构充当信用媒介来实现资金的流动。间接融资主要通过银行贷款的方式，企业对银行承担还本付息的责任。以上两种融资方式是对外部融资的进一步划分。相比内部融资，外部融资具有融资渠道广、资金供应量大、融资方式灵活等特点，但相应的融资成本和风险也较高。

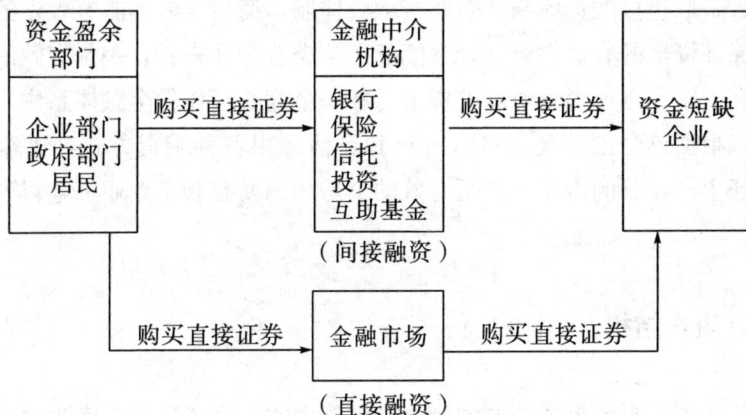

图 2-1　企业直接融资与间接融资过程

股权融资，是指企业通过增发股权的方式，通过引进新股东的方式获取到资金，与新股东共同拥有企业所有权的融资方式。股权融资会增加总股本，资金所有权归属于企业，企业不需还本付息，企业可在经营期间自行安排资金使用，融资风险小，可以根据企业经营的情况自定股利的支付，没有固定的股利负担。股权融资是很多企业希望采取的融资渠道，但是我国股权融资的标准很高，只有少部分发展规模好、财务制度完善的企业才有资格获得上市融资的机会；加之股权融资成本高、容易分散企业控制权，所以绝大部分的企业都是另寻渠道。

债权融资是指企业通过向银行借款或向外部发行债券等方式进行融资。企业通过债权融资所获得的只是资金的使用权，所有权并不归属于企业，而企业需要还本付息，资金的使用是有成本的。债权融资与股权融资相比，企业具有较高的资金回报率，可以发挥财务杠杆作用，调整企业的资本结构。但是债权融资获得的资金数量有限，资金的使用范围也受到限制。目前，绝大部分企业还是会通过银行借款的方式获得生产经营所需的资金。

按照直接融资和间接融资在社会融资总量中所占的比重，以及对国民经济发展所起的作用不同，相应形成了两种金融体制：直接金融体制和间接金融体制。前者是指以直接融资为主导的金融体制，后者是指以间接融资为主导的金融体制。它们是社会储蓄转化为投资的两种形式，也是企业取得外部资金的基本形式，在社会资源配置过程中起着极为重要的作用。不同的国家由于历史、文化、传统不同，经济发展的水平阶段不同，以及对资金需求程度不同，所选用的金融体制也不相同。

不同的金融体制规范着企业获取资金的渠道，制约着企业的融资行为和取向。不管采取直接融资体制还是间接融资体制，衡量金融体制有效性的标准是看能否保证资金的有效供给和合理配置。从企业方面来看：一是有效的金融体制要有利于企业迅速筹集所需的资金。在一个高效运作的金融体系中，资金需求者可以根据自身的情况，自由选择和灵活运用各种融资方式，迅速获得资金，保证生产经营的需要。二是有效的金融体制要有利于企业资金得到合理的运用。

二、资本结构

企业从不同来源渠道获取的资金在融资成本、融资风险、净收益、税收方面各不相同，股东和债权人在企业治理结构中的作用也有很大的不同，对企业行为形成不同的约束。因此，当企业面临投资机会时，能否根据自己的目标和成本效益原则，选择最佳的融资结构和资本结构，使企业市场价值最大，就成为衡量企业融资行为是否合理的一个重要标志。

所谓融资结构，是指企业在取得资金来源时，通过不同渠道筹措的资金的有机搭配以及各种资金所占的比例。具体地说，是指企业所有的资金来源项目之间的比例关系，即自有资金及借入资金的构成态势。企业的融资结果不仅揭示了企业资产的产权归属和债务保证程度，而且反映了企业融资风险的大小，即流动性大的负债所占比重越大，其偿债风险越大，反之则偿债风险越小。从本质上说，融资结构是企业融资行为的结果。企业融资是一个动态的过程，不同的行为必然导致不同的结果，形成不同的融资结构。企业融资行为的合理与否可以通过融资结构反映出来。合理的融资行为必然形成优化的融资结构，融资行为的扭曲必然导致融资结构的失衡。

所谓资本结构，是指企业各种长期资金筹集来源的构成和比例关系。企业的长期资金来源一般包括所有者权益和长期负债，因此，资本结构主要是指这两者的组合和相互关系。企业资本结构的形成要受很多因素的影响，这些因素对于不同企业的重要性不同，主要包括：企业资产结构、销售的稳定性、获利能力和偿债能力、企业信用等级、企业经营者对风险的好恶、企业控制权等。另外，政府的税收及其他规定、金融行为也会对企业的融资行为产生影响。在发达的市场经济中，由于资金相对充足，同时存在足够发达的资本市场，资金的所有者和使用者都可以在多种金融机构、多种融资方式和融资工具之间进行选择，融资机构也有相同的选择空间，因而企业的资本结构是多种当事人市场行为的结果，趋向于一种使企业资本得到最有效使用的最佳资本结构。换句话说，一笔资金在企业资产负债表上表现为企业的负债而不是所有者权益，往往是效率方面的原因。

公司融资行为是公司融资决策的具体化，是公司为达到融资目的而在不同融资渠道与融资方式之间做出选择的过程，是一种动态化的运作过程。资本结构则是由公司通过实施融资行为而最终形成的一种静态结果，它反映融资行为实施的效果。不同的融资行为必然导致不同的结果，形成不同的资本结构。合理的融资行为有利于公司形成合理的资本结构，不良的融资行为偏好则有可能使公司的资本结构失衡，从而给公司带来不良影响。在实际研究中，有很大一部分通过资本结构来推测融资行为，正因为如此，极易造成融资行为等同于资本结构这样的错误认识。

三、资本成本

资本成本是现代财务理论最为核心、内涵最为丰富的一个概念。从投资者的角度来说，资本成本是投资者让渡资金使用权而获得的收益补偿。理性投资者放弃其他投资而转投受资方的原因是受资方能够提供给投资者高于其他受资者的收益率，因此，投资者对最终受资者的收益要求底线一定是他所放弃的所有投资项目的最高收益，也称为可接受项目的机会成本。从受资者的角度来说，资本成本则是由于获得资金使用权而给予资金所有者的一种补偿，这种补偿不仅包括对时间价值的补偿，同时还要对投资者应承担的风险进行补偿。在不完全市场环境中，这些风险不仅包括系统风险如通货膨胀、利率变动，还包括来自投资项目及受资企业的风险。因此，实务中资本成本的确定不仅要考虑时间价值，还要考虑各种风险因素。

具体而言，影响资本成本高低的因素涉及如下几类：①总体经济环境。总体经济环境决定了整个经济中资本的供给与需求，如果整个社会中的资金需求和供给发生了变化，投资者也会改变其所要求的收益率。②通货膨胀率。通货膨胀水平上升时，货币的购买力就会下降，投资者会要求更高的收益率来补偿预期的投资损失，导致企业的资本成本上升。③证券的流动性。如果企业发行某种证券的市场流动性较差，投资者的变现风险加大，要求的收益率就会提高。④融资企业的经营和财务状况。企业的经营状况受其投资决策的影响，如果投资项目的收益不确定性提高，投资者就会要求相应的风险补偿。而融资企业的财务状况则是该企业以往的融资行为累积的结果，主要表现为债权融资累积而增加的财务风险，因此，债务比例较高的企业，投资者往往会要求更高的收益率。⑤融资规模。受边际成本递增的影响，企业的融资规模越大，其资本成本越高。

从定量的角度来看，资本成本就是将给予资金所有者的补偿进行加总，也即资本成本等于无风险的利率与风险溢价之和。由于对风险溢价的认识差异，对资本成本的衡量也出现了不同的计量方法。最初有基于完美市场角度基础的CAPM 理论，之后有 Fama-French 三因素模型、APT 模型、Robert Hamada 模型，再后来又出现了基于未来收益折现的 GLS 模型、OJ 模型等。

从定量的角度来估测资本成本的关键是估算资本成本的各种数据的可获得性。由于资本成本实际上是对未来收益的一种要求权，在不确定的环境中，如何量化未来的收益，这才是问题的关键。直到目前，也很难说哪一种数学模型能够准确无误地预测出未来的收益，只能是减少误差。因此，学术界对资本成本的估算主要分为基于历史数据和基于未来预测数据两种。历史数据虽然并不一定能够完全代表未来状况，但具有极大的可靠性和相关性；而未来数据虽然极具理论上的科学性，但可靠性却受到极大质疑。因此，在估算资本成本方法的选择上，也因数据使用的差异而有所区别。

第二节　融资行为的文献回顾

一、国外相关研究

自 Modigliani 和 Miller（1958）发表经典论文《资本成本、公司财务与投资理论》以来，企业融资和资本结构问题引起了学术界的广泛关注。Modigliani 和 Miller 提出的著名的 MM 定理指出，在没有破产和税收、资本可以自由流动及金融市场有效等假设条件下，企业价值与资本结构无关。但由于这些假设在现实中并不成立，企业实际上耗费了大量资源来确定资本结构和进行融资方式的选择。后续学者放宽了这些假设，就税收、破产成本、信息不对称以及公司治理结构在企业资本结构和融资行为选择中的作用进行了广泛研究。

Modigaliani 和 Miller（1963）首先考虑税收问题，因为债务利息在所得税前支付，企业债券利息抵税作用使企业价值随着杠杆比率的提高而增加，这就是"税盾理论"。之后，Stiglitz（1974）从一般均衡角度证明税盾理论成立。Graham（2001）等也先后研究税收对资本成本的影响，认为债务资本利息的抵税作用促使企业偏好股权融资。尽管 Miller（1977）又认为债券利息的个人所得税高于股权收入的个人所得税从而抵消了债务资本的税收抵扣，认为税收不会影响企业价值，重新回到 MM 定理；但大部分研究仍认为税收会影响企业价值，进而影响企业融资选择和资本结构。除研究税收对企业价值影响外，Modigaliani 和 Miller 还认为债务利息的税收抵扣使债务资本成本下降。

由于税收抵扣无法解释现实中企业的大量权益资本存在，人们逐渐开始关注破产的影响。Baxter（1967）、Scott（1975）、DeAngelo 和 Masulis（1980）、Kim（1982）、Ross（1985）等先后研究破产对企业资本结构的影响，认为由于债务利息和本金必须按时支付，企业破产可能性随着债务资本比例的增加而增加，企业"破产"成本也就会随着债务资本比例的增加而增加，企业最佳资本结构是使边际破产的成本等于边际税收抵扣的资本结构，这就是企业资本结构的静态平衡理论。

除了用新古典经济学范式下的税收理论和破产理论来解释企业资本结构和融资偏好之外，委托代理理论和不对称信息理论对企业资本结构和融资偏好的解释提供了新的渠道。委托代理理论认为内部人与股东的目标函数不完全一致，企业被内部人控制时会偏离股东价值最大化目标。Jensen（1976）、Diamond（1989）等研究代理成本对企业融资的影响，认为债务资本有助于减少代理成本，股东倾向于保持较高水平的杠杆比率，而经理人则倾向于保持较低水平的杠杆比率。Myers 和 Majluf（1984）、Myers（1984）等先后研究了不对称信息对企业融资行为选择的影响，认为老股东会利用不对称信息在融资中获利，投资方为避免损失，会逆向选择、增加融资成本。因此企业融资方式选择的顺序依次是内部融资—债权融资—股权融资。

关于对企业资本结构和融资有影响的企业内部因素，Matos（2001）研究了股利分配与融资的关系，认为两者相互影响。Dubois 和 Jeanneret（2001）通过研究瑞士股票市场上市公司股权融资，认为低价向老股东发行股票是为规避税收。Fama 和 French（1997）、Marsh（1982）通过研究税收、破产成本以及企业成长性等对资本结构的影响，认为税收、企业成长性等会影响企业资本结构。Rajan 和 Zingales（1995）、Booth 等（2000）分别以成熟市场和新兴市场为样本研究企业资本结构影响因素，发现不同国家的影响因素各异，企业资本结构受多种因素的影响。Graham（2001）通过问卷调查研究企业资本结构及融资偏好，结果发现，未来经营业绩、税收、融资成本甚至财务主管的教育背景都会影响企业融资和资本结构。

除研究内部动因外，有关人员还研究外部环境对企业资本结构和融资的影响。早在 1967 年，Schwartz 和 Aronson 就发现行业因素对资本结构存在显著影响。之后，Scott（1972）、Scott 和 Martin（1975）以及 Errunza（1979）等的研究都表明了行业对公司融资的显著影响。Shleifer（1997）认为投资者利益如果不能得到有效保护，就会提高融资成本，外部环境容许企业融资和资本结构偏离股东价值最大化目标。Brander 和 Lewis（1986）认为垄断企业可以选择高财务杠杆政策巩固其垄断地位。Bradley（1984）、Long（1978）等研究了产业特征与资本结构的关系，发现管制行业的企业平均负债比率一般高于非管制行业的企业平均负债比率，成长性较高的企业的平均负债比率要高于成熟行业的企业平均负债比率。

融资后股价是另一值得关注的问题，Schipper 和 Smith（1979）等研究上市公司股权融资后的股价表现，发现上市公司发行股票后在长期内有负的异常收益。Loughram（1997）认为价值高估公司有通过股票融资的倾向，而市场不可能持久高估一家公司的价值，高估过后的价值回归，是负异常收益产生的原因。Stein（1996）研究了在股票市场非理性情况下，理性并致力于公司价值最大化的管理者的融资行为。他认为，投资者的非理性所导致的股票价格偏离真实价值极大地影响着公司的融资行为。如果股票市场非理性而管理者理性并致力于公司价值的最大化，那么当股价被高估时，管理者应该利用非理性投资者的狂热时机发行股票；而当股票价格被低估时，管理者应当回购股票。Lee（1997）和 Kahle（2000）通过研究内部交易和发行公司的长期绩效来研究公司的管理者是否知道卖出定价过高的股票，通过研究围绕完成和取消的股权再融资的内部交易和公司股票的长期表现来分析公司管理者发行股票的动机，结果验证了公司管理者通过发行价格过高的股票来利用窗口机会。

二、国内相关研究

国内学者对企业融资的研究也非常丰富，他们通过研究我国上市公司的资本结构，发现我国上市公司权益性资本比重较高，且上市公司以外部融资为主要资金来源，外部融资中又以股权融资为主，这与成熟市场上上市公司以内部融资和债权融资为主有明显的区别。提云涛等（2000）分析上市公司2000年年报分配预案发现，许多上市公司为达到证监会要求的配股资格，由以往"一毛不拔"改为"只拔一毛"（每10股分红0.1元）。黄少安、张岗（2001）通过对上市公司融资结构的描述，认定中国上市公司存在着强烈的股权融资偏好。王棣华（2006）认为，目前中国上市公司的融资结构中，内部融资所占比例普遍很低，外部融资占绝对的比重，且在外部融资中，股权融资比重平均已超过50％，预计随股票市场的进一步发展，这一平均水平还将继续上升。我国上市公司融资特点是主要依靠外部融资且轻债权融资、重股权融资，这与融资优序理论的先内部融资而后外部融资，权衡理论中的有效利用债权融资能使企业价值增大等思想相悖。因此，需结合我国实际情况，分析其产生的具体原因，从而提出建议和对策。庞博、赵艰申（2006）从公司金融角度出发，结合目前中国国情，分析得出国内上市公司对股权融资热衷的原因主要有股权融资的成本优势、股权分置和国有股一股独大、公司治理结构不完善以及经济高速发展期企业的扩张冲动等。杨艳、陈收（2008）认为我国上市公司在免费资本幻觉的驱使下表现出强烈的股权融资偏好，形成了重股权、轻债权的融资结构，在证券市场低效、控制权市场欠发达、融资制度不健全的情况下，这种融资结构加大了股东与经理人之间的利益冲突，降低了公司的治理效率。

许多学者研究了不同的因素例如企业的经营能力、企业的有形资产、企业是否具有成长空间及债务税盾等方面对资本结构决策的影响。王正位（2011）的研究指出，公司的成长空间对于企业的资本结构无显著影响，而企业产生现金流的盈利能力和其成长的规模程度对资本结构的影响较大。苏坤（2012）认为资产的有形性与杠杆水平呈正相关的关系。冯旭南（2012）指出，大股东所持有的股份比例和企业的债务水平是显著正相关，研究表明大股东对企业管理者的监督和约束是充分有效的。张春景（2014）在其研究中指出，企业的大小和成长空间对其杠杆水平无显著关系，而与企业的盈利能力呈现负相关的关系。朱武祥（2014）认为企业的成长性与杠杆水平呈现正相关关系。另外，也有研究进一步指出公司规模大小与债务水平则是显著的正相关关系。

关于外部因素对资本结构的影响，陆正飞、辛宇（1999）认为不同行业面临的外部环境存在差异性，同时处于不同行业的公司也存在公司自身的行业特点，如资本有机构成、行业生命周期、产业进入壁垒等。在不同行业的公司内部也存在一定的差异，从而影响了公司资本结构的选择。此后，大多数学者基本上循着行业间的差异和行业内不同公司个体差异特征对公司资本结构的形成产生了不同程度的影响这条路展开研究。姜付秀等（2008）认为，行业间的产品市场竞争、代理问题、发展机会、资产流动性等行业特征以及行业内公司自身特征方面存在的差异对公司融资行为会产生影响，从而形成不同行业和行业内各个公司资本结构的差异性。

关于对资本成本的估算，沈艺峰、田静（1999）使用 Modigaliani 和 Miller 在 1957 年提出的估算资本成本的方法对百货行业 1995—1997 年间权益资本成本进行了估算，各年估算结果分别为 19.96％、17.61％、9.09％，并将其与对应年份的银行贷款利率进行比对发现，我国资本市场的股权融资成本较高，股权融资并非是公司优选的融资方式。王宁（2000）将 1994—1998 年间在 A 股上市的公司分为商业、金融、工业、综合、公用事业及房地产六类，得到的各行业平均权益资本成本依次为 16.05％、4.62％、10.25％、7.06％、14.75％、9.24％，充分说明行业因素对资本成本的影响，从而提出了公司应该根据自身行业因素等特点选择融资方式的建议。张峥、孟晓静、刘力（2004）使用 1990—2001 年间 A 股上市公司的数据估算了不同行业的资本成本。他们将样本数据分为商业、工业、综合、房地产和公用事业五类，各类的名义资本成本依次为 12.4％、7.01％、8.04％、10.52％、16.75％，扣除各行业通胀水平后的实际资本成本为 9.44％、6.89％、5.89％、5.45％、14.11％。之后汪祥耀、叶正虹（2011）等也对行业资本成本进行了估算与比较。

第三节　无实际控制人上市公司融资能力影响因素分析与研究假设

企业融资主要包括内部融资和外部融资。内部融资是企业用自身内部的盈余积累来进行融资，外部融资则是企业直接或通过中介从企业外部获取资金。由于本书研究的是已上市的公司，因此股权融资的能力毋庸置疑。因此，本书重点研究债权融资。由于外部融资和内部融资有此消彼长的关系，企业外部融资能力强，其负债水平较高；内部融资能力强，对外部融资的依赖降低，企业负债水平就会下降。因此，本书构建企业负债水平与内外部影响因素之间的关系模型，通过实证分析来研究影响企业融资能力的因素。

一、外部融资能力影响因素和研究假设

（一）公司规模

国内外学者普遍认为企业规模对企业的融资能力有影响。企业规模越大，其内部管理水平越高，财务制度也较完善。银行等金融机构可以获得规模较大企业更多的正向信息，而且大规模企业相对的企业经营风险小，风险承受力强，在国家政策扶持上更占有优势，因此更容易从银行等金融机构获得贷款。企业的规模越大，资金周转能力越强，可供抵押资产也越多，银行更愿意贷款给实力较强、规模较大的企业。综上，假设说明如下：

假设1：公司规模同负债水平呈正相关关系，即公司规模越大，则越容易获得外部融资。

（二）公司成长性

成长性是用于衡量企业能否长期可持续发展的指标。企业快速的成长过程，必定会伴随着生产经营的扩张、销售盈利的增加以及企业拥有者权益的扩充，所以成长能力是一个综合指标，能够从资产、销售、利润等方面综合全面地考核企业。成长能力较强的企业，发展状况也会相对较好。一个企业想要谋求发展，资产的规模必须扩大，其投资活动中对资金的需求也会增加。国内外学者普遍认为企业的成长能力与资产负债率正相关。对于成长性较好的企业，能获得更好的投资，传递的良好信息有助于从银行获得贷款。综上，假设说明如下：

假设2：公司成长性同负债水平呈正相关关系，即成长性越强，越有利于企业获得外部融资。

（三）银企关系

银行贷款是企业外部融资重要的渠道，但由于企业财务信息不规范、管理制度不完善、企业实力较弱等特点，会影响对外传递信息的不完整，尤其体现在银行与企业间。信息的不对称会影响银行对企业信用的客观评价，银行为了规避风险会采取减少对企业贷款的额度或者提高贷款的抵押物的要求。如果企业与银行保持良好的合作关系，有较长时间的业务往来，可以加深银行对企业信息的了解，缓解信息不对称问题，银行可能会提高贷款发放的额度，降低对抵押物的要求。综上，假设说明如下：

假设3：银企关系同负债水平呈正相关关系，即企业与银行具备良好的关系，更有利于提高企业融资能力。

（四）周转能力

现代财务管理论认为，营运能力、盈利能力、偿债能力在企业的财务管理体系中是相辅相成的。关于企业营运能力分析的一项重要指标就是企业周转能力。企业的营运能力越强，企业的获利能力就越强，企业的偿债能力就越强。企业资金周转越快说明企业资金运营得越充分，企业的营运能力越强，可以提高企业的偿债能力，最终决定企业融资能力。综上，假设说明如下：

假设4：周转能力与企业负债水平呈正相关关系。

（五）资产抵押能力

企业与银行等金融机构存在着信息不对称的状况，企业需要有充足的抵押物品才能向银行等金融机构进行信贷融资。企业具备较高价值的抵押物品，资产担保价值越大，负债偿还的保障就越强，因此企业向银行提供抵押物品价值越高时说明企业的资产抵押能力越强，更能减少银行营运的风险。代理成本理论认为，企业的实物资产，在剔除掉自身价值后，还存在着能够被间接利用的价值，可以用来降低企业债权人的风险，它在总资产中的占比较高。所以说固定资产和存货的抵押价值，是衡量资产抵押能力非常具有价值的指标。因此，企业资产抵押能力的高低会直接影响企业融资能力。综上，假设说明如下：

假设5：资产抵押能力与企业负债水平呈正相关关系，即企业资产抵押能力越强越容易获得外部融资。

二、内部融资能力影响因素和研究假设

（一）盈利能力

企业的盈利能力是指企业通过生产经营获得利润的能力。企业利润率越高，盈利能力就越强。盈利能力的高低不仅可以体现一个企业经营的状况，还能分析企业生产经营销售中的问题。根据融资优序理论，企业为追求融资成本的最小化，一般会将内部融资作为第一选择，其次考虑债权融资，股权融资为最后选择。企业盈利能力越强，利润转化为企业的留存收益就越多，能够获得更多的内部融资，企业就会降低对外部融资的依赖，因此企业的负债水平就越低。综上，假设说明如下：

假设6：企业盈利与负债水平呈负相关关系，即企业盈利能力越强越能减少对外部融资的依赖。

（二）内部积累水平

企业内部积累主要来自未分配利润，当企业内部积累达到较高水平时，说

明企业留存收益较高,企业可以拥有更多可以支配的资金。根据融资优序理论,企业融资时,一般都会先进行内部挖掘,依靠内部的积累,进行内部融资,在内部融资无法满足企业融资的情况下,才会考虑外部融资。综上,假设说明如下:

假设7:内部积累水平与企业负债水平呈负相关关系,即内部积累水平越高对于外部融资的依赖就会越低。

(三)风险控制能力

经营风险是每个企业都会遇到的问题。一般来说经营风险会影响融资风险,当经营风险较高时,融资风险也会增加。从风险偏好的角度来看,银行等金融机构更愿意选择风险控制能力强、经营风险较小的企业,因为经营风险较小的企业,融资风险小,贷款收回的成功率更大。但是,从另一方面来看,企业风险控制能力较高,会增强企业的经营管理,不仅可以提高资金的利用率,还可以拥有更充足的流动资金,提高内部积累,从而减少对外部融资的依赖。国内外学者研究也发现,在债权融资成本较高的前提下,如果企业可以通过内部经营提高自有资金积累的潜力,获得足够的资金,那企业将不会轻易选择向银行等金融机构获取贷款。流动比率作为一项重要指标,用来反映企业变现流动资产的能力。综上,假设说明如下:

假设8:风险控制能力与外部融资呈负相关关系,即风险控制能力越强的企业会减少外部融资。

第四节　无实际控制人上市公司融资能力影响因素的实证研究设计

一、样本选取与数据来源

本书数据来源于 CSMAR 数据库,通过选取我国 A 股上市公司中无实际控制人公司的 2009—2017 年财务数据为初始样本,参照中国证监会 2012 年颁布的《上市公司行业分类指引》的行业分类标准确定各行业的无实际控制人上市公司。

(1) 本书在筛选样本的过程中,去掉了被冠以 ST 或 * ST 公司的无实际控制人上市公司的样本数据以确保数据的有效性。

(2) 去掉了数据缺失和存在明显异常情况进而会导致数据过度不合理的无实际控制人上市公司的样本数据,以确保得到的数据连贯、可比较。

（3）剔除金融行业公司样本。我们发现金融行业无实际控制人上市公司具有其独特性，与其他行业的无实际控制人上市公司的财务数据存在显著差异，直接将某些指标在金融行业与非金融行业之间对比是不可靠、不合理的，因此我们去掉了金融行业。筛选、整理完毕数据后总共得到无实际控制人样本 709 个。本书使用 SPSS22.0 进行数据分析。

二、变量设计

（一）被解释变量

根据现有文献，资产负债率是大多数学者研究分析企业资本结构的代理变量。资产负债率用来反映企业的负债总额占资产总额的比例。它是一项重要指标，能够量化衡量企业的偿债能力、企业的负债水平、企业对债务资金的综合利用能力。资产负债率可以反映企业所获取的资金状况，企业债权融资能力越强，其资产负债水平就会越高。因此，本书也沿用大多数学者比较科学的做法，利用资产负债率来衡量企业的融资能力，选择资产负债率作为实证模型中的被解释变量，在模型中以 Finance 表示。

（二）解释变量

根据上文的分析，本书从公司规模、公司成长性、银企关系、周转能力、资产抵押能力、盈利能力、内部积累水平、风险控制能力 8 个方面的影响因素进行考虑，共选取 8 个指标作为解释变量，分别以 Size、Growth、Relation、Turnover、Mortgage、ROE、Accumulation、Risk 表示。

（三）控制变量

1. 产品市场竞争程度

产品市场竞争程度体现了企业的竞争能力。本书以营业费用占主营业务收入的比例作为产品市场竞争程度的代理变量，在模型中以 Competition 表示。

2. 公司治理水平

公司治理机制是企业管理水平与内部控制能力的重要体现。本书以独立董事规模作为公司治理水平的代理变量，在模型中以 Govern 表示。本书各类变量的解释说明如表 2—1 所示。

表 2-1　变量定义说明表

变量类型	变量名称	变量符号	变量解释
被解释变量	融资能力	Finance	资产负债率
解释变量	公司规模	Size	总资产的对数
	公司成长性	Growth	营业收入增长率
	银企关系	Relation	企业成立年限
	周转能力	Turnover	总资产周转率
	资产抵押能力	Mortgage	（固定资产+存货）/总资产
	盈利能力	ROE	净资产收益率
	内部积累水平	Accumulation	未分配利润/总资产
	风险控制能力	Risk	流动比率
控制变量	产品市场竞争程度	Competition	营业费用/主营业务收入
	公司治理	Govern	独立董事人数/董事会总人数

三、模型构建

为了检验本书提出的假设，建立如下模型：

$$\text{Finance}_{i,t} = \beta_0 + \beta_1\text{Size}_{i,t} + \beta_2\text{Growth}_{i,t} + \beta_3\text{Relation}_{i,t} + \beta_4\text{Turnover}_{i,t}$$
$$+ \beta_5\text{Mortgage}_{i,t} + \beta_6\text{ROE}_{i,t} + \beta_7\text{Accumulation}_{i,t} + \beta_8\text{Risk}_{i,t} + \beta_9\sum\text{Control} + \varepsilon_{i,t}$$

该模型中，$\text{Finance}_{i,t}$ 是被解释变量，表示第 i 家公司第 t 年的融资能力；β_0 为截距；$\beta_1 - \beta_9$ 为回归系数；$\varepsilon_{i,t}$ 为随机误差项。

第五节　无实际控制人上市公司融资能力影响因素的实证研究结果

一、描述性统计分析

表 2-2 所示为主要变量的描述性统计。从表中可知，融资能力（Finance）的均值为 0.3830，最大值为 0.7576，最小值为 0.0639，标准差为

0.1796，说明不同公司的融资能力差异较大。公司规模（Size）的均值为23.8851，最大值为30.9900，最小值为18.6500；公司成长性（Growth）的均值为0.3500，最大值为12.0000，最小值为-1.2651；银企关系（Relation）的均值为18.3550，最大值为35.0000，最小值为5.0000；周转能力（Turnover）的均值为0.6332，最大值为2.3921，最小值为0.1455；资产抵押能力（Mortgage）的均值为0.3456，最大值为0.6710，最小值为0.0132；盈利能力（ROE）的均值为0.0900，最大值为0.2590，最小值为-2.0517；内部积累水平（Accumulation）的均值为0.1690，最大值为0.4668，最小值为-0.0332；风险控制能力（Risk）的均值为2.5634，最大值为11.0032，最小值为0.5332；产品市场竞争程度（Competition）的均值为0.4522，最大值为0.8234，最小值为0.1033；公司治理（Govern）的均值为0.1435，最大值为0.6200，最小值为0.1800。

表 2-2　描述性统计

变量名称	样本量	最小值	最大值	均值	标准差
Finance	709	0.0639	0.7576	0.3830	0.1796
Size	709	18.6500	30.9900	23.8851	3.0750
Growth	709	-1.2651	12.0000	0.3500	1.0880
Relation	709	5.0000	35.0000	18.3550	5.5632
Turnover	709	0.1455	2.3921	0.6332	0.4001
Mortgage	709	0.0132	0.6710	0.3456	0.1654
ROE	709	-2.0517	0.2590	0.0900	0.1790
Accumulation	709	-0.0332	0.4668	0.1690	0.0895
Risk	709	0.5332	11.0032	2.5634	1.9825
Competition	709	0.1033	0.8234	0.4522	0.2532
Govern	709	0.1800	0.6200	0.1435	0.1699

二、相关性分析

表 2-3 所示为主要变量的相关性分析结果。从结果中可知，解释变量间的相关系数很低，说明变量间不存在严重的多重共线性问题。与被解释变量融资能力（Finance）显著正相关的解释变量有公司规模（Size）、资产抵押价值

（Mortgage），显著负相关的有风险控制能力（Risk）、内部积累水平（Accumulation），其他的解释变量与被解释变量也存在一定的相关关系，但显著性不高，需要通过回归进一步分析。

表 2-3 皮尔森相关系数

	Finance	Size	Growth	Relation	Turnover	Mortgage	ROE	Accumulation	Risk	Competition	Govern
Finance	1.000										
Size	0.463**	1.000									
Growth	0.045	0.081	1.000								
Relation	0.089	0.072	−0.121	1.000							
Turnover	0.166*	0.042	−0.215	0.142	1.000						
Mortgage	0.243**	−0.065	−0.159**	−0.012	0.139*	1.000					
ROE	0.122	0.066	0.083	0.042	0.294**	−0.130	1.000				
Accumulation	−0.392**	−0.421**	−0.221**	−0.024	0.099	−0.321**	0.512**	1.000			
Risk	−0.698**	−0.345**	0.023	−0.071	−0.267**	−0.213**	0.002	0.091	1.000		
Competition	−0.065	0.053	0.019	0.033	−0.199	0.033	0.057	−0.044	0.124	1.000	
Govern	0.052	0.061	0.077	0.291**	0.001	0.005	0.002	0.045	0.033	0.065	1.000

注：** 表示在 0.01 水平（双侧）上显著相关，* 表示在 0.05 水平（双侧）上显著相关。

三、多元回归分析

表 2-4~2-6 所示为无实际控制人上市公司融资能力影响因素的回归结果。从表中可见，模型的拟合优度为 0.687，这表明此模型的解释程度为 68.7%。模型的 F 值为 78.252，其显著性水平为 0.000，这说明模型的整体显著性较高。对于各项融资能力的影响因素而言，公司规模（Size）的影响显著正相关，说明规模较大的企业更容易获得债权融资，因为规模较大的企业能发出更多的正向信号，并且大规模企业多元化的经营方式更有利于分散风险，更受债权人偏爱。公司成长性（Growth）未通过检验，不是影响融资能力的显著因素，这可能是由于成长性与偿债能力、持续发展能力并不直接相关导致的，因此对融资能力的提升有限。银企关系（Relation）未通过检验，不是影响融资能力的显著因素，这也可能是由于单独用企业成立年限作为衡量银企关系的指标不够合理。周转能力（Turnover）对融资能力影响不显著，可能是因为行业的差异程度较高。资产抵押价值（Mortgage）的影响显著正相关，说明抵押或担保是债权人贷款的必要要求之一。盈利能力（ROE）的影响显著正相关，说明盈利能力较强的企业还本付息的能力也相对较强，更能充分利用财务杠杆作用并通过外部融资的方式获得更多的资金。内部积累水平

（Accumulation）的影响显著负相关，说明企业内部积累水平越高，拥有的可支配资金就越多，对外部融资的依赖就越少。风险控制能力（Risk）的影响显著负相关，说明风险控制能力越强的企业，偿债能力越强，拥有更多的自有资金，因此内部融资能力更强。

表2-4　回归方程拟合情况的描述

模型[a]	R	R^2	调整后 R^2	标准估计的误差
1	0.687[a]	0.472	0.433	0.12003

a. 预测值：（常数），Size, Growth, Relation, Turnover, Mortgage, ROE, Accumulation, Risk, Competition, Govern

表2-5　回归模型的显著性检验结果

模型[a]		平方和	df	均方	F	Sig.
1	回归	6.344	10	0.319	78.252	0.000[b]
	残差	2.801	681	0.042		
	总计	9.145	691			

a. 因变量：Finance
b. 预测值：（常数），Size, Growth, Relation, Turnover, Mortgage, ROE, Accumulation, Risk, Competition, Govern

表2-6　回归系数及其显著性检验结果

模型[a]		非标准化系数		标准系数	T	Sig.
		B	标准误差	Beta		
1	（常数）	−0.315	0.124		−4.319	0.000
	Size	0.052	0.008	0.241	6.124	0.000
	Growth	−0.011	0.009	−0.041	−1.052	0.293
	Relation	0.001	0.001	0.015	0.466	0.640
	Turnover	0.018	0.022	0.026	0.726	0.468
	Mortgage	0.015	0.055	0.012	5.277	0.000
	ROE	0.737	0.115	0.268	6.178	0.000
	Accumulation	−0.705	0.101	−0.345	−7.111	0.000
	Risk	−0.044	0.005	−0.409	−10.391	0.000
	Competition	−0.002	0.014	−0.007	0.109	0.910
	Govern	0.063	0.121	0.041	0.609	0.598

a. 因变量：Finance

四、稳健性检验

为验证研究结果的稳健性，确保研究结论的可靠，本书进行了以下检验：

（1）将盈利能力的代理变量替换为总资产收益率（ROA）和托宾 Q 值，重新回归，结果显示盈利能力与融资能力之间的关系没有发生实质性变化。

（2）将公司成长性（Growth）用总资产增长率＝（期初资产－期末资产）/期初资产公式重新回归，结果显示公司成长性与融资能力之间的关系没有发生实质性变化。

第六节　结论与建议

本书基于经典的 MM 理论及修正后的 MM 理论、权衡理论、融资优序理论、委托代理理论、信号传递理论，以我国 2009—2017 年 A 股无实际控制人上市公司为研究对象，通过假设检验与模型构建研究了无实际控制人上市公司融资能力的影响因素。研究发现，公司规模、资产抵押价值、盈利能力对上市公司的融资能力有显著的正向影响，内部积累水平、风险控制能力对上市公司的融资能力有显著的负向影响，公司成长性、银企关系、周转能力的影响不显著。

基于本书结论，为了提升无实际控制人上市公司的融资能力，提出以下建议：

首先，增强企业的发展能力。融资能力的提高最重要的动力还是源于企业自身的发展。本书的结论充分说明了公司规模对企业融资能力的影响。公司规模的壮大要依靠整体的发展，而发展能力则是一项综合性的能力。该能力的核心在于不断创新，打造核心竞争力，只有加快转型升级才能在变化莫测的市场竞争中保持强劲的发展动力。

其次，提升企业内部融资能力。如果一个企业没有一定的内部留存的能力，光依靠外部融资，企业很难维持健康持续的发展。有效的盈利能力与内部激励水平，可以增强企业的内部融资能力，从而进一步减少企业对外部融资的依赖，最终促进企业自身整体的融资能力提高。

最后，加强企业财务管理建设。加强企业财务体系建设，完善财务管理制度，有利于改善企业融资过程中的信息不对称问题，提高企业的融资能力。

参考文献

[1] Robichek A A, Horne J C. Abandonment Value and Capital Budgeting [J]. The Journal of Finance, 1967, 4 (22): 577—589.

[2] Baxter N D. Leverage, Risk of Ruin and the Cost of Capital [J]. Journal of Finance, 1967, 22 (4): 395—404.

[3] Brander J A, Tracy R L. Oligopoly and Financial Structure: The Limited Liability Effect [J]. American Economic Review, 1986 (5): 956—970.

[4] Bradley M, Gregg A, Jarrell E, et al. On the Existence of an Optimal Capital Structure: Theory and Evidence [J]. The Journal of Finance, 1984 (3): 857—878.

[5] Deangelo H, Masulis R W. Optimal Capital Structure Under Corporate and Personal Taxation [J]. Journal of Financial Economics, 1980, 8 (1): 3—29.

[6] Diamond D W. Financial Intermediation and Delegated Monitoring [J]. Review of Economics Studies, 1989, 51: 393—414.

[7] Douglas W D. Financial Intermediation and Delegated Monitoring [J]. Review of Economic Studies, 1984, 3 (S1): 393—414.

[8] Errunza V R. Determinants of Financial Structure in the Central American Common Market [J]. Financial Management, 1979 (3): 72—77.

[9] Fama E, French K. The Cross—Section of Expected Stock Returns [J]. The Journal of Finance, 1992: 47 (2): 427—465.

[10] Fama E F, French K. Industry Costs of Equity [J]. Journal of Financial Economics, 1997, 43: 153—193.

[11] Franco M, Merton H M. The Cost of Capital, Corporation Finance and the Theory of Investment [J]. American Economic Review, 1958, 48 (3): 261—297.

[12] Gebhardt L S. Toward An Implied Cost of Capital [J]. Journal of Accounting Research, 2001 (39): 135—176.

[13] Graham J R, Harvey C R. The Theory and Practice of Corporate Finance: Evidence From the Field [J]. Journal of Financial Economics,

2001（60）：187－243.

［14］ Jensen M, Meckling W. Theory of the Firm: Managerial Behavior, Agency Costs, and Ownership Structure ［J］. Journal of Financial Economics, 1976（2）：305－360.

［15］ Leland H E, Pyle D H. Informational Asymmetries, Financial Structure, and Financial Intermediation ［J］. The Journal of Finance, 1977（32）：372－387.

［16］ Long J. The Market Valuation of Cash Dividends: A Case to ConsiDer ［J］. Journal of Financial Economics, 1978（6）：235－264.

［17］ Kahle K M. Insider Trading and The Long－run Performance of New Security Issues ［J］. Journal of Corporate Finance, 2000（6）：25－53.

［18］ Kim E H. Miller′s Equilibrium, Shareholder Leverage Clienteles, and Optimal Capital Structure ［J］. The Journal of Finance, 1982（2）：301－319.

［19］ Loughran T, Anand M. Do Long－term Shareholders Benefit From Corporate Acquisitions? ［J］. Journal of Finance, 1997, 52：1765－1790.

［20］ Miller M H. Debt and Taxes ［J］. Journal of finance, 1977, 32（2）：261－275.

［21］ Modigliani F, Merton H M. The Cost of Capital, Corporation Finance and the Theory of Investment ［J］. American economic review, 1958, 48（3）：261－297.

［22］ Franco M, Merton H M. Corporate Income Taxes and The Cost of Capital: A Correction ［J］. American Economic Review, 1963, 53（3）：433－443.

［23］ Myers S C, Nicholas S M. Corporate Financing and Investment Decisions When Firms Have Information that Investors Do Not Have ［J］. The Journal of Financial Economics, 1984（2）：187－221.

［24］ Myers S C. The Capital Structure Puzzlee ［J］. Journal of Finance, 1984, 39（3）：575－592.

［25］ Ohlson J A, Juettner－Nauroth B E. Expected EPS and EPS Growth as Determinantsof Value ［J］. Review of Accounting Studies, 2005, 10（2）：349－365.

［26］ Hamada R S. Portfolio Analysis，Market Equilibrium and Corporation Finance ［J］. The Journal of Finance，1969，24（1）：13—31.

［27］ Ross S A. The Arbitrage Theory of Capital Asset pricing ［J］. Journal of Economic Theory，1976（13）：341—360.

［28］ Ross S A. The Determination of Financial Structure：The Incentive Signaling Approach ［J］. The Bell Journal of Economics，1977（1）：23—40.

［29］ Ross S A，The Determination of Financial Structure：the Incentive Signaling Approach ［J］. The Bell Journal Economics，1985，8（1）：23—40.

［30］ Schwartz E，Aronson J R. Some Surrogate Evidence in Support of the Concept of Optimal Financial Strutuer ［J］. Journal of Finance，1967（1）：10—18.

［31］ Scott J，David F. Evidence on the Importance of Financial Structure ［J］. Financial Management，1972（2）：45—50.

［32］ Scott J，David F，Martin J D. Industry Influence of Financial Structure ［J］. Financial Management，1975（1）：67—73.

［33］ Shleifer A，Vishny R. A Survey of Corporate Governance ［J］. Journal of Finance，1997，52：37—87.

［34］ Smith C，Warner J B. On Financial Contracting：An Analysis of Bond Covenants ［J］. Journal of Financial Economics，1979，7（2）：117—162.

［35］ Stein J C. Rational Capital Budgeting in an Irrational World ［J］. Journal of business，1996，69：429—455.

［36］ Stephen A R. The Determination of Financial Structure：The Incentive—Signalling Approach ［J］. The Bell Journal of Economics，1977，8（1）：23—40.

［37］ Stiglitz J E. On the Irrelevance of Corporate Financial Policy ［J］. American Economic Review，1974，64：851—866.

［38］ Stewart C M，Majluf N S. Corporate Financing and Investment Decisions when Firms Have Information that Investors Do Not Have ［J］. Journal of Financial Economics，1984（13）：187—221.

［39］ Sharpe W E. A Simplified Model for Portfolio Analysis ［J］. Management

Science，1963（9）：277－293.

[40] Sharpe W E. Capital Asset Prices：A Theory of Market Equilibrium under Conditions of Risk [J]. Journal of Finance，1964（19）：425－444.

[41] 冯旭南. 债权融资和掠夺——来自中国家族上市公司的证据 [J]. 经济学（季刊），2012（3）：943－968.

[42] 黄少安，张岗. 中国上市公司股权融资偏好分析 [J]. 经济研究，2001（11）：12－27.

[43] 姜付秀，刘志彪，李焰. 不同行业内公司之间资本结构差异研究——以中国上市公司为例 [J]. 金融研究，2008（5）：172－185.

[44] 陆正飞，辛宇. 上市公司资本结构主要影响因素之实证研究 [J]. 会计研究，1998（8）：34－37.

[45] 庞博，赵艰申. 国内上市公司的股权融资偏好的原因分析 [J]. 技术经济，2006，25（11）：68－70.

[46] 苏坤，张俊瑞. 终极控制权与资本结构决策 [J]. 管理学报，2012（3）：466－472.

[47] 沈艺峰，田静. 我国上市公司资本成本的定量研究 [J]. 经济研究，1999（11）：62－68.

[48] 提云涛，我国上市公司股权偏好研究 [D]. 上海：复旦大学，2003.

[49] 王棣华. 我国上市公司股权融资偏好的原因及对策研究 [J]. 海南金融，2006（12）：12－15.

[50] 王宁. 我国上市公司资本成本的比较 [J]. 中国工业经济，2000（11）：59－64.

[51] 王正位，王思敏，朱武祥. 股票市场融资管制与公司最优资本结构 [J]. 管理世界，2011（2）：40－48.

[52] 汪耀，叶正虹. 执行新会计准则是否降低了股权资本成本 [J]. 中国工业经济，2011（3）：119－128.

[53] 吴晓求. 中国上市公司：资本结构与公司治理 [M]. 北京：中国人民大学出版社，2003.

[54] 肖作平，吴世农. 我国上市公司资本结构影响因素实证研究 [J]. 证券市场导报，2002（8）：39－44.

[55] 杨艳，陈收. 资本成本视角的上市公司融资行为解析 [J]. 系统工程，2008，26（3）：45－52.

[56] 张春景，马文超. 基于企业经营预期下的资本结构调整——来自我国制造业上市公司的经验证据 [J]. 会计研究，2014（8）：67－74.

[57] 张峥，孟晓静，刘力. A 股上市公司的综合资本成本与投资回报 [J]. 经济研究，2004（8）：74－84.

[58] 朱武祥，魏炜，王正位. 回归经典：资本结构研究 60 年思考 [J]. 金融研究，2014（12）：194－206.

第三章　无实际控制人投资行为研究

第一节　相关概念的界定

一、自由现金流量的基本理论

(一) 自由现金流量的概念

自由现金流量的概念首先是由美国哈佛商学院教授 Michael Jensen (1986) 提出的。他将自由现金流量界定为公司为了获得的全部项目中扣除特定部分剩余的现金流量，实现净现金量超出零的部分。他认为，在出现自由现金流量后，企业应该出于对股东权益的维护和扩充企业价值的考虑将红利分发出去。也就是说，为了防止管理层将多余的现金流量进行低成本的投资行为和避免余量被消耗在效率低下的组织结构中，股东应迫使管理层将现金支付出来，否则就容易由富余的现金资源引发股东和公司管理层之间的代理问题。此外，就公司在自由现金流量充裕的情况下出现的代理问题，需要依靠负债和并购两种外部力量解决。负债取代权益资金可能带来高效的经营和较高的公司价值，这是因为负债处理除可以获得税盾收益外，还可以产生"控制效应"，即通过负债引入债权人的监督，降低管理层的低效率投资。且未来还本付息的压力迫使企业管理层谨慎评估投资项目，抑制资金滥用行为，促进运行效率的提高。并购包括两种情况：情况一，无效并购是自由现金流量代理成本问题的一种表现形式。拥有多余现金而又缺乏好的投资机会的公司往往会用现金进行多元化并购，重新配置手中的资金。情况二，被并购是解决自由现金流量代理成本问题的一种方法。拥有大量自由现金的企业容易成为其他公司兼并的目标，而企业被并购的潜在威胁可以鞭策管理层提高投资效率（Richard 等，2004）。

（二）自由现金流量描述

由于定义者所处角度不同，因此对自由现金的描述也会出现偏差。按照是否将企业筹资活动产生的现金流量纳入现金流量的范畴，大体可以分为企业自由现金流量和股东自由现金流量两种。

从企业的角度看，企业经营所需要的资金来源包括股权投资者和债权投资者。因此在不考虑新发行股份和回购股份的情况下，企业自由现金流量是指扣除税收、必要的资本性支出和营运资本增加后的现金流量。这一类观点的代表学者有 James C. Van Horne（1998）、Tom Copeland、Tim Koller（2002）等。

从股东的角度看，股东现金流量是在企业自由现金流量的基础上扣除需付给债权人的利息和本金后的剩余现金。Hackell 等（2001）提出自由现金流量不同于经营现金流量的概念，除了经营现金流量之外，自由现金流量还应涵盖一些其他的必要性支出，即自由现金流量是企业在实现全部的净现值大于零的项目所需资金后的能够剩余的那部分现金流量。

此外，也有学者认为自由现金流量还应有经营者自由现金流量这样一个层次。干胜道（2009）认为当企业满足了各类收益索偿权的要求后剩余的现金流量，即在股东自由现金流量的基础上扣除优先股和普通股股息，还有的剩余现金，即属于公司经营管理者所掌控的自由现金流量。

Hackle 在《现金流量与证券分析》一书中将企业自由现金流量定义为用企业的经营现金流量扣除资本性支出后的余额与总资产的比值。本书将采用这一定义的自由现金流量。

二、非效率投资

（一）非效率投资概念的界定

企业的投资行为是企业在对项目的判断和预期的基础上，将资金投入项目中以期在某一时间获取收益的经济行为。传统投资理论以多种假设为前提，不存在非效率投资。而现实情况并非如此，目前学术界对于非效率投资的判断有两种主流思想：一是依据投资准则，二是依据资本存量。

根据投资准则判断非效率投资的标准可分为多种，如 Modigliani 和 Miller（1958）提出了进行投资的三个参考，一是投资收益率不得小于资本成本，二是边际收益大于边际成本，三是投资项目的净现值为正。Jensen 和 Meckling（1976）以项目投资的净现值为标准，将对净现值为负的项目进行投资视为投资过度，将主动或被动放弃净现值为正的项目投资视为投资不足，投资过度和投资不足均为企业非效率投资行为。

最优资本存量的概念是 Jorgenson（1963）根据最优化理论提出的。他认为，最优资本存量就是企业利润最大时的资本存量，投资未达到最优资本存量的部分可以帮助企业提升价值增值。Jevons（1971）通过量化边际收益和边际成本认为，只有预计投资项目的边际收益满足大于市场利率的条件时，理性投资者才会进行投资。也就是说，只有企业资本存量向最优资本存量变动的投资才是有效率的，否则就是非效率的投资。Morgado 和 Pindado（2003）提出，由于企业特征不同，每个企业的最优投资水平不同。当企业的投资水平高于最优投资水平时为过度投资，当企业投资水平低于最优投资水平时为投资不足，这两种情况均为投资非效率的体现。

本书用 NPV（净现值）为标准表示投资效率，投资效率可以反映出企业资本配置的效率，是衡量企业价值的重要指标之一。NPV 为正表明是效率投资，NPV 为负则为非效率投资。非效率投资包括过度投资和投资不足两部分。过度投资表现为企业将自由现金流量投入净现值小于零的项目上，从而导致的低效、偏离股东利益最大化和企业发展路径的投资行为。投资不足是没有将自由现金流量投入净现值为正的投资机会中，从而使企业投资偏离利益最大化的非效率投资行为。

（二）非效率投资的衡量

对非效率投资的衡量主要有以下三种：投资-现金流敏感性模型、现金流与投资机会交乘项判别模型和残差度量模型。

1. 投资-现金流敏感性模型

投资-现金流敏感性模型是由 Fazzari、Hubbard 和 Petersen（1988）提出的。模型公式如下：

$$(I/K)_{i,t} = f(X/K)_{i,t} + g(CF/K)_{i,t} + \varepsilon_{i,t}$$

其中：I 为资产投资，K 为公司期初资产存量，X 为以托宾 Q 表示的企业投资机会，CF 表示企业内部现金流，f 和 g 分别表示投资机会和企业内部现金流的函数。

Fazzari、Hubbard 和 Petersen（1988）通过该模型研究发现，由于信息不对称的原因，企业外部融资成本高于内部融资成本，企业面临一定的融资约束，但企业可以通过减少股利发放来降低高成本的外部融资，这就导致企业投资更多地依赖于内部融资，因而表现出融资约束程度与投资现金流敏感性正相关。

该模型的优点是将企业投资与企业内部自由现金流量结合，扩大了现金流领域的研究。但该模型无法辨别非效率投资的类型，只考虑了融资约束的影响，且企业投资机会变量 X 存在衡量偏误。

2. 现金流与投资机会交乘项判别模型

现金流与投资机会交乘项判别模型是由 Vogt（1994）为了检验代理问题和融资约束投资现金流敏感性的关系构造的模型。该模型增加了内部现金流和投资机会的交互项，并通过该交互项系数的正负符号来对非效率投资类型进行判断，但该模型仍然不能对企业过度投资和投资不足的程度进行量化。该模型公式如下：

$$(I/K)_{it} = \beta_0 + \beta_1(CF/K)_{i,t} + \beta_2(DCash/K)_{i,t} + \beta_3(Sales/K)_{i,t} + \beta_4 Q_{i,t-1} + \beta_5(CF/K)_{i,t} \times Q_{i,t-1} + \varepsilon_{i,t}$$

其中：I 代表资产投资，K 为公司期初资产存量，CF 表示内部现金流，$DCash$ 为现金股利变动额，$Sales$ 为本期营业收入，Q 表示投资机会。

3. 残差度量模型

残差度量模型是由 Richardson（2006）年提出的。该模型依据投资机会、企业现金存量等多个影响企业投资规模的因素，结合多源回归模型估计出企业预期投资水平，并用回归模型的残差来判断和度量企业投资非效率中的投资过度和投资不足。该模型公式如下：

$$Inv_t = a_0 + a_1 Growth_{i,t-1} + a_2 Lev_{i,t-1} + a_3 Cash_{i,t-1} + a_4 Age_{i,t-1} + a_5 Size_{i,t-1} + a_6 Ret_{i,t-1} + a_7 Inv_{i,t-1} + \sum Ind + \sum Year + \varepsilon_{i,t}$$

其中：Inv_t 表示企业当期扣除维持性投资后的净投资，$Growth_{i,t-1}$、$Lev_{i,t-1}$、$Cash_{i,t-1}$、$Age_{i,t-1}$、$Size_{i,t-1}$、$Ret_{i,t-1}$ 等表示滞后一期的成长性、资产负债率、现金存量、企业年限、企业规模和个股收益率，$Inv_{i,t-1}$ 为滞后一期的被解释变量，$\sum Ind$ 和 $\sum Year$ 为行业和年度的虚拟变量。通过对上述公式进行回归，若得到的残差小于零，表示投资不足；若残差大于零，表示投资过度。

该模型的优点是可以对投资不足和投资过度进行度量，但缺点是该模型回归得到的是企业的预期投资水平而非最优投资水平。

第二节　投资行为的文献回顾

一、自由现金流量

自从 1986 年 Jensen 提出自由现金流量的代理成本理论后，国内外许多学者从不同的角度对自由现金流量的代理成本进行了验证。从理论上讲，自由现金流量均应分配给投资者，因为在弥补了净现值为正的投资项目所需的资金后，多余的现金不能创造价值，反而会被经理人用于"自利"行为，从而造成股东财务损失。而公司治理可以降低代理成本，提升公司价值和股东财富，因此，公司治理质量的好坏直接影响公司的自由现金流量水平。治理质量越好，自由现金流量水平越低；治理质量越差，自由现金流量水平越高。国内外学者分别就公司治理的各个角度研究了其与自由现金流量的关系。

（一）股权结构与自由现金流量

Shleifer 和 Vishny（1997）认为，股权集中度是表示外部股东的控制权和现金流权匹配的最直接的方法。拥有较大份额的大股东有动力去收集信息和监督管理者，他们拥有足够的投票权能够给管理者施加压力，甚至通过代理权竞争或接管来赶管理者下台。因此，大股东能够解决与管理者之间的代理问题。股权越集中，企业自由现金流量水平低，大股东越能对公司的管理者进行更有效的监督（Faulkender，2002；Guney 等，2003；Jani 等，2004；胡国柳等，2006；谢军，2006）。

大股东可以缓解股东与管理层形成的第一类代理问题，但大股东又有动机为追求私人目标而侵占中小股东和其他投资者的利益，特别是大股东对公司的控制权显著超过现金流权时，这种现象更易出现。当公司存在大量自由现金流量时，大股东可以取得控制权而使得中小股东承担损失，大股东可能会与管理层"合谋"，积聚现金以便为私人牟利，而不将其分配。因此，在大股东控制的公司，现金持有水平越高，对公司价值的负面影响越大（Ozkan A. 和 Ozkan N. ，2002；Zhang，2005）。若除控股股东外，还存在持有一定比例股份的少数股东，且少数股东的股份与控股股东相近，或几个少数股东股份积累超过或接近控股股东时，少数股东对控股股东就具有较强的制衡能力。同时存在股权相对集中，存在相对控股股东和其他大股东的股权结构有利于公司治理机制的发挥，提升公司治理质量（李维安等，2005）。外部大股东的持股比例能够抑制企业超额现金的持有水平。

产权性质的不同也会影响企业现金流量水平，在国有企业放权让利的改革中，管理层权力不断加强和提升，其实质获得了企业控制权（白俊等，2014）。国有企业所有者缺位严重，使得真实股东缺乏行使权力的基础，很难有效地控制和监督管理层。因此，某些管理层会尽力留置超额现金，营造自己的帝国，谋取私人利益。

（二）董事会治理与自由现金流量

学者们分别从董事会规模、独董比例及两职合一等方面开展了研究。董事会规模越大，一方面可以更容易地获取外部的关键资源；另一方面，人员越多，决策效率就会下降，同时还会有"搭便车"和"小团体"等问题的出现。Kusnadi（2003）发现董事会规模与现金持有水平显著正相关。Harford 等（2008）发现董事会规模与现金持有量无显著相关。干胜道（2009）认为董事会规模过大，不利于控制自由现金流量。独立董事可以提升董事会的独立性，能更好地为股东利益考虑。因此独立董事占董事会人数比例越高，越能够对管理者实施监管。Harford 等（2008）发现独立董事比例与现金持有量无关，Mcknight 等（2009）也发现非执行董事比例与自由现金流量无关。干胜道（2009）认为独立董事比例越大，董事会独立性越强，就越有利于控制企业的自由现金流量。两职合一即董事长和总经理由一人担任时，一方面能够面对瞬息万变的市场，迅速做出决策，提高效率；另一方面，权力过于集中，会导致兼任者从自身利益出发来运营企业，导致企业现金流持有量高（Drobetz 等，2006）。相反，两职分离，有利于权力制衡，有助于控制自由现金流（干胜道，2009）。

（三）市场监督、竞争与自由现金流量

大部分研究表明有效的监督可以降低自由现金流量的代理成本。

资本市场的监督主要来自现金分红、债务约束和接管机制的存在。Fafinha（2003）研究发现股利支付可以降低自由现金流的代理成本，主要是通过股利支付减少内部的自由现金流量，或者增加外部筹资次数使得外部投资者进行更有效的监督，从而减轻自由现金流量的代理问题。股利的发放，能够减少管理者控制的自由现金流量，从而减少代理成本（Lie，2000）。Borokhovich 等，2005；易颜新等，2008）。负债具有到期还本付息的强制性使得管理者不能随意处置现金流，以免到期不能偿还本息，被述诸法庭甚至面临企业破产的风险。虽然负债也存在代理问题，但是它的存在能够刺激管理者

提升管理效率。因此，负债可以作为一种监督机制，减轻自由现金流量的代理问题。Ozkan 等（2002）与辛宇、徐丽萍（2006）均发现，现金持有量与负债呈显著负相关。接管是一个或数个出资人联合通过收集股票或投票表决，罢免现任管理者，由出资人接任或另选其他管理者的行为。这种接管威胁可以有效地约束管理者（Manne，1965）。Jensen（1986）认为，自由现金流多的企业可能发生并购行为，也可能成为被并购的对象，这种威胁有助于解决自由现金流量的代理问题。Opera（2008）也认为，自由现金流量越多的企业，管理者用于自利交易的可能性越高，而并购威胁可减弱高现金流量公司的代理问题，促使管理者给投资者分红。

竞争的监督来自经理人市场竞争和产品市场竞争。经理人市场竞争可以促使管理者努力工作，提高经营效率。因为经营效率低下的管理者，不能给所有者带来满意的回报，很可能被潜在的经理取代，不仅失去已有的控制权，还会导致其声誉大打折扣。产品市场的竞争也可以促使管理者努力工作，提升管理效率，降低公司保留自由现金流量的可能性，有效控制代理成本。陈文浩、周雅君（2007）和胡建平、干胜道（2008）等研究表明垄断行业的自由现金流量均值显著高于竞争性行业，这说明产品市场竞争有助于减少自由现金流量。

二、自由现金流量与非效率投资关系

Jensen（1986）提出了"自由现金流量"假说。他认为管理者既会将过多的自由现金流量投资于净现值为负的项目引发过度投资，也会在自由现金流不足时放弃投资引发投资不足，导致非效率投资的重要原因之一就是管理者偏离股东利益。Richardson（2006）发现当企业自由现金流量为正时，其中的 20% 会被用于过度投资。胡建平和干胜道（2007）考虑了融资约束和成长机会的影响，企业的过度投资与自由现金流量呈显著正相关。Wei（2008）通过对亚洲金融危机的研究也支持自由现金流量过度投资的假说。张中华和王治（2006）研究内部现金流对企业投资行为的影响时发现，企业过度投资和投资不足均对现金流呈高度敏感性，国有控股企业过度投资行为更加显著。王铁媛（2016）通过研究管理层权力、自由现金流和非效率投资之间的关系，发现管理层被赋予的权力与代理成本正相关。如果自由现金流减少或者不足，代理成本会随之下降，整体的治理效果会提高。在自由现金流量富足时，管理层拥有的权力越高越能够加重投资过度的程度；在自由现金流量短缺时，较高的管理层权力能够在一定程度上缓解投资不足的情况。

一些学者从股权结构和股利发放等角度研究企业自由现金流量与非效率投资的关系。黄本多、干胜道（2009）以制造业上市公司为样本，探究了股权结构和股权性质对自由现金流量和过度投资关系的"制衡"效果，发现自由现金流量越高，越容易过度投资；控股股东的存在能够降低代理成本，减轻过度投资的程度。倪志伟、宋慧和李志东（2016）通过对第一大股东和机构投资者研究发现，第一大股东存在利用非效率投资获取私有收益、侵占利益的现象，机构投资者有效的监督作用可以减少这类行为。现金股利的发放，可以减少企业的自由现金流量，从而有效缓解过度投资问题（马如静等，2007；魏明海等，2007）。但现金股利的发放具有两面性：一方面，现金股利的发放有助于防范囤积大量多余现金的公司滥用资源；另一方面，现金股利也会被大股东利用，成为其套现的手段（肖珉，2005）。于晓红（2017）认为，我国制造业普遍存在投资不足或过度投资的情况，自由现金流量与非效率投资正相关，现金股利对自由现金流量富足的制造业上市公司的过度投资行为有抑制作用，但是现金股利却难以缓解投资不足的困局。

此外，还有一些学者从负债和内控的角度研究自由现金流量和非效率投资的问题。Miller（1977）研究负债在股东和管理者之间代理成本的调节作用，发现自由现金流量增多时，管理层会扩大规模增加投资，且在负债增加时，这种情况尤为明显。李伟和李艳鹤（2017）通过研究企业自由现金流量、内控和非效率投资三者关系，发现自由现金流量短缺的公司倾向于发生投资不足行为，高质量的内控可以抑制这两者间的关系。

第三节　无实际控制人上市公司投资行为假设提出

到目前为止，关于自由现金流量与投资非效率的研究多集中于有实际控制人的企业，但是相对于实际控制人企业，无实际控制人企业股权分散，公司控制权和现金流权相对较高，公司存在对代理人依赖程度更高、公司治理不完善的特点，同时还面临着来自企业外部的诸多风险，如容易成为恶意收购的对象等。而公司的资源配置权力通常被管理层掌握，且管理层缺乏来自所有者的监管，由于信息的不对称会产生逆向选择和道德风险，产生资本配置的非效率化，使得自由现金流的大小会对投资的规模产生影响。管理层在很大程度上能够决定公司资金的投资方向，并通过权力产生寻租行为。

企业投资到净现值为正的项目后留存的现金流为自由现金流量，充裕的现金流量会影响管理层的相关决策，管理层可能会为了谋求自身的利益而将这些富余的现金流量投资在低效、无效甚至是损害公司整体利益的项目上，形成过度投资行为，进而导致严重代理成本（Jensen，1986）；当自由现金流量富足时，管理层可能会倾向于扩大公司规模以提高薪酬或者使自己的工作更有保障（干胜道等，2014），管理层的过度投资动机会随着自由现金流量的增加而变强。而所有者缺位会扩大管理层的权力，使真正的股东缺乏行使自身权利的基础（王茂林等，2014）。相对于实际控制人企业，无实际控制人的管理层缺乏所有者监督和控制，管理层拥有更大权力。当管理层所拥有的对企业的权力越高时，其机会主义行为会更加严重，越能够加强自由现金流量对非效率投资的促进作用，并且无实际控制人上市公司过度分散的股权可能使得公司的管理层与股东之间存在的代理冲突更加严重（王铁媛，2016）。管理层更有机会实现自己的过度投资动机，做出一些违反股东利益最大化甚至损害公司利益的行为，也就是现金流量与过度投资的关系会更加明显。

代理成本可以引发代理人对自由现金流量的滥用，他们会为了追求私利而进行过度投资，自由现金流量不足引起投资不足则源于融资约束。信息问题则会增加市场摩擦，增加外部融资成本，使得企业对内部自由现金流量更加依赖，流动性受约束则会投资不足。

当企业内部的现金流量不足以支持企业的投资时，就需要通过外部筹资方式融资。由于信息不对称的存在，企业内外部对信息的获取程度不同，外部投资者很难准确判断公司投资项目的真实价值，信息问题增加市场摩擦，加大外部融资难度，提升融资成本，甚至根本就无资可融。此时，企业由于没有足够的资金，就会放弃净现值大于 0 但小于融资成本的项目。因此，现金流量不足容易由外部融资约束而产生企业投资不足。外部融资的存在一方面可能增加企业破产的风险，另一方面债权人会增加对管理层的监督，因此，当企业外部融资困难时，管理层会倾向于规避风险，放弃投资。此外，相对于无实际控制人企业，实际控制人企业的股东则可以在融资、外部资源方面提供便利，获得较好的融资和投资项目以减少投资不足。

基于此，本书提出以下假设：

假设 1：相较于实际控制人企业，无实际控制人的上市公司的自由现金流量越充足，过度投资越严重。

假设 2：相较于实际控制人企业，无实际控制人的上市公司的自由现金流量越不足，投资不足越严重。

第四节 无实际控制人上市公司投资行为的实证研究与分析

一、数据选取与变量定义

本书选取我国 A 股上市公司中无实际控制人公司的 2009—2017 年财务数据为初始样本，参照中国证监会 2012 年颁布的《上市公司行业分类指引》的行业分类标准确定各行业的无实际控制人上市公司。

（1）本书在筛选样本的过程中，去掉了被冠以 ST 或*ST 公司的无实际控制人上市公司的样本数据，以确保数据的有效性。

（2）本书去掉了数据缺失和存在明显异常情况进而会导致数据过度不合理的无实际控制人上市公司的样本数据，以确保得到的数据连贯、可比较。

（3）本书剔除了金融行业公司样本。我们可以发现金融行业无实际控制人上市公司具有其独特性，与其他行业的无实际控制人上市公司的财务数据存在显著差异，直接将某些所需指标在金融行业与非金融行业之间对比是不可靠、不合理的，因此我们去掉了金融行业公司样本。

筛选、整理完毕数据后总共得到了 17585 个样本用来构建模型计算预期投资的值，进一步得到了 10671 个投资不足的样本和 6914 个投资过度的样本。本书数据来源于 CSMAR 数据库，通过 STATA15.0 进行数据分析。

二、非效率投资的度量

为了获得所需的预期投资和非效率投资的数值，本书在借鉴 Richardson（2006）投资效率测算模型的基础上，建立模型（3—1）：

$$\text{Inv}_t = a_0 + a_1 \text{Growth}_{i,t-1} + a_2 \text{Lev}_{i,t-1} + a_3 \text{Cash}_{i,t-1} + a_4 \text{Age}_{i,t-1} + a_5 \text{Size}_{i,t-1}$$
$$+ a_6 \text{Ret}_{i,t-1} + a_7 \text{Inv}_{i,t-1} + \sum \text{Ind} + \sum \text{Year} + \varepsilon_{i,t} \qquad (3—1)$$

其中：Inv_t 表示企业 t 年的资本投资，$\text{Growth}_{i,t-1}$、$\text{Lev}_{i,t-1}$、$\text{Cash}_{i,t-1}$、$\text{Age}_{i,t-1}$、$\text{Size}_{i,t-1}$、$\text{Ret}_{i,t-1}$ 等表示滞后一期的成长性、资产负债率、现金存量、企业年限、企业规模和个股收益率，$\text{Inv}_{i,t-1}$ 为滞后一期的被解释变量，$\sum \text{Ind}$ 和 $\sum \text{Year}$ 为行业和年度的虚拟变量。通过对上述公式进行回归，若得到的残差小于零，表示投资不足（UnderInv）；若残差大于零，表示投资过

度（OverInv），使用时都用绝对值进行计量。

表 3—1　模型（3—1）变量说明

变量名称	变量符号	变量描述
当年新增投资支出	Inv	（购置固定资产、无形资产和其他长期资产的现金－处置固定资产、无形资产和其他长期资产的现金净额）/期初总资产
成长性	Growth	i 公司第 $t-1$ 年成长性水平，我们用托宾 Q 值来表示
资产负债率	Lev	负债总额/资产总额
现金持有量	Cash	货币资金/资产总额
公司年龄	Age	公司上市年限
公司规模	Size	总资产的自然对数
股票收益率	Ret	考虑现金红利再投资的年个股回报率
上期投资额	Inv_{t-1}	
年度虚拟变量	$\sum$ Year	控制不同年份宏观经济因素的影响
行业虚拟变量	$\sum$ Ind	按中国证监会 2012 年颁布的《上市公司行业分类指引》进行分类

通过表 3—2 对上市公司全样本非效率投资情况统计表可知，投资不足的上市公司数量显著多于投资过度的数量，但上市公司中投资过度的均值 0.041900 大于投资不足的均值 0.027148。说明，我国企业投资不足情况普遍存在，但程度上没有过度投资明显，过度投资问题更为严重。通过表 3—3 上市公司非效率投资年度情况统计表可知，从 2009 年到 2017 年间均存在投资不足多于投资过度的情况，且呈现逐年递增趋势。

表 3—2　上市公司非效率投资全样本情况统计表

变量	非效率投资	企业数量	均值	标准差	最小值	最大值
全样本	投资过度	6914	0.041900	0.049956	0.000014	0.966289
	投资不足	10671	0.027148	0.116807	0.000013	11.53136

表 3-3 上市公司非效率投资年度情况统计表

年度	非效率投资	企业数量	均值	标准差	最小值	最大值
2009	过度投资	498	0.049396	0.056380	0.000014	0.422200
	投资不足	859	0.028637	0.035292	0.000058	0.573800
2010	过度投资	526	0.051764	0.058984	0.000042	0.492232
	投资不足	914	0.029790	0.042953	0.000007	0.822345
2011	过度投资	598	0.051178	0.051879	0.000034	0.324102
	投资不足	920	0.033266	0.083821	0.000001	2.429399
2012	过度投资	697	0.048330	0.047234	0.000160	0.304888
	投资不足	1156	0.029140	0.024678	0.000051	0.349407
2013	过度投资	973	0.041281	0.045892	0.000027	0.492790
	投资不足	1162	0.034566	0.33858	0.000047	11.53136
2014	过度投资	858	0.041959	0.063621	0.000015	0.966289
	投资不足	1405	0.025623	0.019919	0.000079	0.332657
2015	过度投资	847	0.036758	0.042323	0.000029	0.389515
	投资不足	1350	0.023062	0.023057	0.000102	0.492071
2016	过度投资	877	0.036113	0.043845	0.000034	0.612353
	投资不足	1407	0.022509	0.017300	0.000018	0.218308
2017	过度投资	1040	0.033279	0.040237	0.000078	0.360934
	投资不足	1498	0.023104	0.021422	0.000076	0.419059

三、自由现金流量与非效率投资模型

（一）自由现金流量与过度投资模型

为了进一步研究无实际控制人公司自由现金流量与过度投资的情况，建立
模型（3-2）：

$$OverInv_t = \beta_0 + \beta_1 Fcf_{i,t} + \beta_2 Noncontrol_{i,t} + \beta_3 Fcf_{i,t} \times Noncontrol_{i,t} +$$
$$\beta_4 \sum Control + \varepsilon_{i,t} \tag{3-2}$$

（二）自由现金流量与投资不足模型

为了进一步研究无实际控制人公司自由现金流量与投资不足的情况，建立模型（3-3）：

$$UnderInv_t = \gamma_0 + \gamma_1 Fcf_{i,t} + \gamma_2 Noncontrol_{i,t} + \gamma_3 Fcf_{i,t} \times Noncontrol_{i,t} +$$
$$\gamma_4 \sum Control + \varepsilon_{i,t} \tag{3-3}$$

其中：Noncontrol 为虚拟变量，当公司为无实际控制人时取 1，否则为 0；Fcf×Noncontrol 表示为无实际控制人公司自由现金流量对非效率投资的影响。借鉴白俊等（2014）、宋静雯（2018）的研究，本书选取的控制变量包括成长性 Growth、货币现金持有量 Cash、公司规模 Size、资产负债率 Lev、独立董事比例 Indep、股权制衡度 Dis、市场化进程 Market 等。

表 3-4　模型（3-2）、（3-3）变量说明

被解释变量名称	变量符号	变量描述
投资过度	OverInv	模型（3-1）中大于等于 0 的回归残差
投资不足	UnderInv	模型（3-1）中小于 0 的回归残差的绝对值
自由现金流量充裕	Fcf≥0	自由现金流量大于等于 0
自由现金流量不足	Fcf<0	自由现金流量小于 0
无实际控制人	Noncontrol	若公司为无实际控制人取 1，否则为 0
资产负债率	Lev	负债总额/资产总额
现金持有量	Cash	货币资金/资产总额
公司规模	Size	总资产的自然对数
公司成长性	Growth	i 公司第 $t-1$ 年成长性水平，我们用托宾 Q 值来表示
独立董事比例	Indep	独立董事人数与董事会规模之比
股权制衡度	Disp	第二至第十大股东持股比例与第一大股东持股比例之比
市场化进程	Market	公司所处省（市、自治区）市场化进程总得分

四、结果分析

(一) 自由现金流量与过度投资

1. 描述性统计

表 3-5 所示为主要变量的全样本描述性统计。从表中可见，自由现金流量 （Fcf） 的均值为 0.0514，中位数为 0.0499，最大值为 0.9430，最小值为 −1.6700,表明大多数企业的自由现金流量在 0.0514 以下，且其中有一部分企业即使在自由现金流量为负的情况下，还存在过度投资情况。在过度投资企业中，无实际控制人企业 （Noncontrol） 占到 3.54％，即 245 家。在控制变量中，公司成长性 （Growth） 均值为 2.150，中值 1.590，最大值 12.400，最小值为 0.210，表明在样本中，企业成长性相差大，且多数企业的成长性在 2.150 之下。股权制衡度 （Disp） 最大值为 8.06000，最小值为 0.00882，表明在全样本中股权制衡相差大，但多数企业的股权制衡在 0.85800 之下。独立董事比例 （Indep） 的均值为 0.3080，中位数为 0.3330，最大值 0.5710，最小值 0.0300。虽然我国证监会规定的上市公司董事会中应当至少包括三分之一独立董事，但还是有部分企业的独立董事并没有达到这个比例。

表 3-5　全样本描述性统计

变量名称	样本量	均值	中位数	标准差	最大值	最小值
OverInv	6914	0.041900	0.026300	0.050000	0.966000	0.000014
Fcf	6914	0.0514	0.0499	0.0834	0.9430	−1.6700
Noncontrol	6914	0.0354	0	0.185	1.000	0
Fcfnon	6914	0.00167	0	0.0194	0.3790	−0.7620
Size	6914	22.100	22.000	1.300	28.500	13.800
Lev	6914	0.4770	0.4830	0.2030	0.9790	0.0461
Growth	6914	2.150	1.590	1.990	12.400	0.210
Cash	6914	0.160000	0.131000	0.110000	0.998000	0.000077
Disp	6914	0.85800	0.64700	0.78000	8.06000	0.00882
Indep	6914	0.3080	0.3330	0.1400	0.5710	0.0300
Market	6914	14.40	14.40	0.587	15.80	12.80

鉴于企业自由现金流量有正负之分，因此，本书又分为自由现金流量充裕

（Fcf≥0）和自由现金流量不足（Fcf＜0）两种情况。从表3-6中可以看出，在过度投资样本中，自由现金流量充裕（Fcf≥0）的样本为5612个，自由现金流量不足（Fcf＜0）的样本为1302个，表明即使在企业自由现金流量为负的情况下，企业还存在过度投资的情况，且占到了总数量的18.83%，说明管理者项目投资决策还会出于其他个人利益考虑如谋取私人利益、扩大在职消费、构建自己的商业帝国或出于职业安全偏好的考量进行过度投资。自由现金流量大于等于0的均值0.0761和中位数0.0644均大于自由现金流量小于0的均值0.0550和中位数0.0346。在Fcf≥0的情况中，无实际控制人企业的比率为3.53%，略低于Fcf＜0的3.61%。

表3-6　分样本描述性统计

变量名称	Fcf≥0			Fcf＜0		
	样本量	均值	中位数	样本量	均值	中位数
OverInv	5612	0.0432	0.0278	1302	0.0362	0.0198
Fcf	5612	0.0761	0.0644	1302	−0.0550	−0.0346
Noncontrol	5612	0.0353	0	1302	0.0361	0
Fcfnon	5612	0.00259	0	1302	−0.00229	0
Size	5612	22.20	22.10	1302	21.90	21.80
Lev	5612	0.463	0.472	1302	0.534	0.548
Growth	5612	2.150	1.610	1302	2.160	1.500
Cash	5612	0.163	0.133	1302	0.145	0.121
Disp	5612	0.859	0.646	1302	0.856	0.652
Indep	5612	0.306	0.333	1302	0.315	0.333
Market	5612	14.40	14.40	1302	14.40	14.40

2. 皮尔森相关系数

表3-7所示为主要变量的相关性分析结果。从表3-7中可见，可变量之间不存在多重共线性，且自由现金流量（Fcf）、企业成长性（Growth）均与过度投资呈现显著正相关，表明企业自由现金流量越多，成长性越高，企业过度投资的情况越严重，初步验证了本书假设1；独立董事比例（Indep）也与过度投资呈现显著正相关，初步表明独立董事并没有起到监督作用，反而加剧企业过度投资情况；企业规模（Size）、现金持有量（Cash）与过度投资显著

负相关，表明企业规模越大，现金持有量越多，越容易造成企业过度投资情况的产生；现金流量与无实际控制人的交乘项（Fcfnon）不显著，需要通过回归进一步分析。

表 3-7　皮尔森相关系数

	OverInv	Fcf	Nonc	Fcfnon	Size	Lev	Growth	Cash	Disp	Indep	Market
OverInv	1										
Fcf	0.059***	1									
Nonc	−0.034***	−0.01	1								
Fcfnon	0.012	0.18***	0.45***	1							
Size	−0.07***	0.063***	0.025*	0.035**	1						
Lev	−0.010	−0.176***	−0.021	−0.05***	0.365***	1					
Growth	0.077***	0.075***	0.0190	0.0190	−0.542***	−0.355***	1				
Cash	−0.035***	0.151***	0.037*	0.065*	−0.204***	−0.322***	0.246***	1			
Disp	0.0230	−0.034**	0.260***	0.124***	−0.075***	−0.133***	0.097***	0.072***	1		
Indep	0.051***	−0.01	−0.03*	−0.019	−0.038***	0.055***	−0.059***	0.028*	−0.050***	1	
Market	−0.012	−0.008	0.005	0.002	0.08***	−0.014	0.024	0.034**	−0.026*	−0.049***	1

注：*** 表示在 0.01 水平上（双侧）显著相关，** 表示在 0.05 水平上（双侧）显著相关，* 表示在 0.1 水平上（双侧）显著相关。

3. 实证结果分析

表 3-8 所示为自由现金流量与过度投资回归结果。从表中可见，在全样本中，如表（1）（2）列，自由现金流量（Fcf）与过度投资（OverInv）显著正相关，无实际控制人与自由现金流量的交乘项（Fcfnon）在 5% 的水平上显著，说明无实际控制人企业自由现金流量与过度投资显著正相关。本书进一步分析了自由现金流量充裕即自由现金流量大于等于 0 的情况，从表中（3）（4）列可以看出，自由现金流量充裕（Fcf）与过度投资（OverInv）呈现显著正相关，无实际控制人与自由现金流量的交乘项（Fcfnon）在 10% 的水平上显著，表明无实际控制人企业在自由现金流量越充裕的情况下，过度投资越高，验证了假设 1；在自由现金流量不足即自由现金流量小于 0 的情况下，企业的自由现金流量与过度投资依然在 10% 的水平显著，如（5）列所示。但在无实际控制人与自由现金流量的交乘项（Fcfnon）下不显著，验证了假设 1。可见，无实际控制人自由现金流量与过度投资情况主要体现在自由现金流量充裕的情况，进一步证明了管理者确实会将过多的自由现金流用于净现值为负的项目投资从而引发过度投资情况的发生。

表 3-8　自由现金流量与过度投资回归结果

变量名称	全样本		Fcf≥0		Fcf<0	
	OverInv	OverInv	OverInv	OverInv	OverInv	OverInv
	(1)	(2)	(3)	(4)	(5)	(6)
Fcf	0.045***	0.042***	0.031***	0.028***	0.045*	0.044*
	(5.77)	(5.29)	(2.58)	(2.25)	(1.86)	(1.74)
Noncontrol		−0.013***		−0.015***		−0.017***
		(−5.03)		(−3.74)		(−3.15)
Fcfnon		0.063**		0.097*		0.003
		(2.18)		(1.94)		(0.10)
Size	−0.002***	−0.002***	−0.002**	−0.002**	−0.004**	−0.003**
	(−3.22)	(−3.09)	(−2.47)	(−2.38)	(−2.37)	(−2.25)
Lev	0.007	0.007	0.009	0.009	0.001	0.001
	(1.37)	(1.40)	(1.37)	(1.38)	(0.15)	(0.17)
Growth	0.002***	0.002***	0.001**	0.001**	0.003	0.003
	(2.67)	(2.71)	(2.07)	(2.09)	(1.54)	(1.56)
Cash	−0.032***	−0.032***	−0.030***	−0.029***	−0.035*	−0.036**
	(−4.28)	(−4.24)	(−3.62)	(−3.56)	(−1.94)	(−2.03)
Disp	0.002**	0.002***	0.002**	0.002***	0.001	0.002
	(2.36)	(3.01)	(2.39)	(2.91)	(0.29)	(0.68)
Indep	0.020***	0.019***	0.017***	0.017***	0.029**	0.029**
	(4.79)	(4.77)	(4.01)	(3.99)	(2.57)	(2.55)
Market	−0.001	−0.001	−0.000	−0.000	−0.003	−0.003
	(−0.58)	(−0.57)	(−0.13)	(−0.07)	(−1.33)	(−1.38)
Constant	0.080***	0.078***	0.069***	0.067***	0.143***	0.140***
	(4.52)	(4.41)	(3.58)	(3.45)	(3.23)	(3.15)
Observations	6914	6914	5612	5612	1,302	1,302
R-squared	0.02	0.02	0.01	0.01	0.04	0.05

　　注:*** 表示在 0.01 水平上（双侧）显著相关,** 表示在 0.05 水平上（双侧）显著相关,* 表示在 0.1 水平上（双侧）显著相关。

（二）自由现金流量与投资不足

1. 描述性统计

表3-9所示为主要变量的全样本描述性统计。从表中可见，自由现金流量（Fcf）的均值为0.0359，中位数为0.0357，最大值为0.7710，最小值为-4.2700，可见自由现金流量均值和中位数相差无几，且其中有一部分企业即使在自由现金流量为正的情况下，也存在投资不足情况。在投资不足企业中，无实际控制人企业（Noncontrol）占到3.21%，即343家。在控制变量中，公司成长性（Growth）均值为2.220，中值为1.630，最大值为12.400，最小值为0.210，表明在样本中，企业成长性相差大，且多数企业的成长性在2.220之下。股权制衡度（Disp）最大值为7.970，最小值为0，表明在全样本中股权制衡相差大，但多数企业的股权制衡在0.805以下。独立董事比例（Indep）的均值为0.3030，中位数为0.3330，最大值为0.5710，最小值为0.0300。虽然我国证监会规定的上市公司董事会中应当至少包括三分之一独立董事，但还是有部分企业的独立董事并没有达到这个比例，同过度投资情况相同。

表3-9　全样本描述性统计

变量名称	样本量	均值	中位数	标准差	最大值	最小值
UnderInv	10671	0.027100	0.022200	0.117000	11.500000	0.000012
Fcf	10671	0.0359	0.0357	0.0962	0.7710	-4.2700
Noncontrol	10671	0.0321	0	0.176	1	0
Fcfnon	10671	0.00109	0	0.01250	0.30500	-0.22500
Size	10671	22.100	22.000	1.380	28.500	14.900
Lev	10671	0.4500	0.4400	0.2190	0.9790	0.0461
Growth	10671	2.220	1.630	2.050	12.400	0.210
Cash	10671	0.185000	0.150000	0.136000	1.000000	0.000058
Disp	10671	0.805	0.576	0.770	7.970	0
Indep	10671	0.3030	0.3330	0.1450	0.5710	0.0300
Market	10671	14.400	14.400	0.608	15.800	12.800

本书又分为自由现金流量充裕（Fcf≥0）和自由现金流量不足（Fcf<0）两种情况。表3-10报告主要变量的分样本描述性统计。从表3-10中可以看出，在投资不足样本中，自由现金流量充裕（Fcf≥0）的样本为7836个，自由现金流量不足（Fcf<0）的样本为2835个，表明企业存在由于自由现金流

不足时放弃投资引发投资不足，也存在企业自由现金流量充裕时，管理层出于自身的考虑放弃投资机会导致投资不足的情况，且这一情况占到了总数量的26.57%。自由现金流量充裕即自由现金流量大于等于 0 的均值 0.0700 和中位数 0.0565 均大于自由现金流量不足即自由现金流量小于 0 时的均值 0.0584 和中位数 0.0340。在 Fcf≥0 的情况中，无实际控制人企业的比率为 3.34%，高于 Fcf<0 的 2.82%。

表 3—10　分样本描述

变量名称	Fcf≥0			Fcf<0		
	样本量	均值	中位数	样本量	均值	中位数
UnderInv	7836	0.0251	0.0223	2835	0.0328	0.0220
Fcf	7836	0.0700	0.0565	2835	−0.0584	−0.0340
Noncontrol	7836	0.0334	0	2835	0.0282	0
Fcfnon	7836	0.00191	0	2835	−0.00118	0
Size	7836	22.20	22.00	2835	22.00	21.90
Lev	7836	0.429	0.416	2835	0.506	0.506
Growth	7836	2.250	1.680	2835	2.150	1.490
Cash	7836	0.194	0.158	2835	0.159	0.130
Disp	7836	0.805	0.573	2835	0.805	0.578
Indep	7836	0.301	0.333	2835	0.306	0.333
Market	7836	14.40	14.40	2835	14.50	14.40

2. 皮尔森相关系数

表 3—11 所示为主要变量的相关性分析结果。从表 3—11 中可见，可变量之间不存在多重共线性，且自由现金流量（Fcf）、公司规模（Size）均与投资不足呈现显著负相关，表明企业自由现金流量越多，公司规模越大，企业投资不足的情况越少，初步验证了本书假设 2；公司成长性（Growth）、现金持有量（Cash）与过度投资显著正相关，表明企业成长性越高，现金持有量越多，

越容易造成企业投资不足情况的产生；现金流量与无实际控制人的交乘项（Fcfnon）的相关性不显著，需要通过回归进一步分析。

表 3-11　皮尔森相关系数

	UnderInv	Fcf	Nonc	Fcfnon	Size	Lev	Growth	Cash	Disp	Indep	Market
UnderInv	1										
Fcf	-0.753***	1									
Nonc	-0.00700	0.0250	1								
Fcfnon	0.00500	0.0320	-0.676***	1							
Size	-0.088***	0.105***	0.051**	-0.00400	1						
Lev	0.0180	-0.131***	-0.037*	0.0190	0.392***	1					
Growth	0.134***	-0.140***	0.00300	-0.0270	-0.625***	-0.324***	1				
Cash	0.114***	-0.052**	0.00100	0	-0.126***	-0.287***	0.201***	1			
Disp	0.0110	-0.0130	0.230***	-0.122***	-0.068***	-0.135***	-0.114***	0.0170	1		
Indep	0.0260	-0.044*	-0.0340	0.0290	-0.046*	0.082***	-0.046*	0.0170	-0.097***	1	
Market	0.00500	-0.00300	-0.0120	0.0210	0.092***	-0.0310	-0.00300	0.075***	-0.0360	-0.0140	1

注：***表示在 0.01 水平上（双侧）显著相关，**表示在 0.05 水平上（双侧）显著相关，*表示在 0.1 水平上（双侧）显著相关。

3. 回归结果分析

表 3-12 所示为自由现金流量与投资不足回归结果。从表中可见，在全样本中，如表（1）（2）列所示，自由现金流量（Fcf）与企业投资不足呈负相关，但不显著。本书进一步分析了自由现金流量充裕，即自由现金流量大于等于 0（Fcf≥0）的情况，从表中（3）（4）列可以看出，自由现金流量充裕与企业投资不足在 1% 的情况下显著负相关，但自由现金流量与无实际控制人的交乘项（Fcfnon）不显著，验证了假设 2；在自由现金流量不足即自由现金流量小于 0 时（Fcv<0），从表（5）（6）列可以看出，自由现金流量在 5% 的水平上与企业投资不足呈负相关，且自由现金流量与无实际控制人的交乘项（Fcfnon）在 5% 的水平上显著，表明无实际控制人企业的自由现金流量不足，企业投资不足情况越严重，进一步验证了假设 2。

表 3—12 自由现金流量与投资不足回归结果

变量	全样本		Fcf≥0		Fcf<0	
	UnderInv	UnderInv	UnderInv	UnderInv	UnderInv	UnderInv
	(1)	(2)	(3)	(4)	(5)	(6)
Fcf	−0.637	−0.645	−0.016***	−0.016***	−1.533**	−1.540**
	(−1.51)	(−1.52)	(−3.91)	(−3.84)	(−2.52)	(−2.53)
Noncontrol		−0.023		0.000		0.076**
		(−1.57)		(0.10)		(2.41)
Fcfnon		0.576		−0.003		1.495**
		(1.50)		(−0.14)		(2.58)
Size	0.006	0.006	0.000	0.000	0.008	0.007
	(1.22)	(1.23)	(0.58)	(0.57)	(1.41)	(1.37)
Lev	−0.025	−0.025	−0.014***	−0.014***	−0.086*	−0.084*
	(−1.53)	(−1.53)	(−9.01)	(−9.01)	(−1.89)	(−1.89)
Growth	0.006*	0.006*	−0.000	−0.000	0.002	0.002
	(1.73)	(1.74)	(−1.54)	(−1.54)	(0.91)	(0.93)
Cash	0.098	0.097	0.010***	0.010***	0.104*	0.104*
	(1.56)	(1.57)	(5.59)	(5.57)	(1.91)	(1.91)
Disp	−0.005	−0.004	−0.001***	−0.001***	−0.002	−0.003
	(−1.43)	(−1.41)	(−3.13)	(−2.94)	(−0.52)	(−0.81)
Indep	0.018**	0.018**	0.004**	0.004**	−0.005	−0.007
	(2.02)	(2.03)	(2.37)	(2.37)	(−0.37)	(−0.45)
Market	−0.003	−0.003	−0.000	−0.000	−0.003	−0.004
	(−0.99)	(−1.00)	(−1.06)	(−1.06)	(−0.66)	(−0.71)

续表 3-12

变量	全样本		Fcf≥0		Fcf<0	
	UnderInv	UnderInv	UnderInv	UnderInv	UnderInv	UnderInv
	(1)	(2)	(3)	(4)	(5)	(6)
Constant	-0.060	-0.061	0.033***	0.033***	-0.152	-0.138
	(-0.92)	(-0.93)	(4.38)	(4.38)	(-1.58)	(-1.50)
Observations	10, 671	10, 671	7, 836	7, 836	2, 835	2, 835
R-squared	0.26	0.26	0.03	0.03	0.59	0.59

注: *** 表示在 0.01 水平上（双侧）显著相关, ** 表示在 0.05 水平上（双侧）显著相关, * 表示在 0.1 水平上（双侧）显著相关。

五、稳健性检验

为验证研究结果的稳健性，确保研究结论可靠，本书进行了以下检验：

（1）为克服 Richardson（2006）模型的衡量偏差，本书将非效率投资重新设置，将残差大于等于均值赋值为 1，否则为 0。采用 logistic 重新进行回归，结果显示自由现金流量与非效率投资之间的关系没有发生实质性变化。

（2）本书根据 Jensen 的自由现金流量理论的定义，将自由现金流量=经营现金净流量-维持性投资和预期投资支出重新衡量，带入模型中进行回归。稳健性检验与前文结论一致。

（3）本书将企业成长性（Growth）用营业收入增长率 = [t 期营业收入-(t-1) 期营业收入]/(t-1) 期营业收入重新回归，结果显示自由现金流量与非效率投资之间的关系没有发生实质性变化。

（4）本书将股权制衡度（Disp）计算方法由第二到第五大股东持股比例与第一大股东持股比例的比值替换重新进行回归，稳健性检验与前文结论一致。

第五节　结论与建议

本书基于委托代理理论和信息不对称理论，以我国 2009 年至 2017 年 A

股上市公司为研究对象，通过模型构建研究了无实际控制人上市公司的自由现金流量与非投资效率的关系，通过与实际控制人上市公司情况对比，本书发现我国 A 股市场上的无实际控制人的公司普遍存在非效率投资的情况，且企业投资不足的情况要多于投资过度的情况。具体结论如下：

企业自由现金流量与过度投资呈现正相关，即当自由现金流量越多，企业过度投资情况越严重。通过将自由现金流量分为自由现金流量充裕（Fcf≥0）和自由现金流量不足（Fcf<0）两种情况发现：企业现金流量越充裕，企业过度投资越严重，且这种情况在无实际控制人情况下更为严重；在自由现金流量不足时，企业也存在过度投资的情况，但无实际控制人企业的这一情况并不突出。

企业自由现金流量与投资不足呈现反相关，即当自由现金流量不足时，企业投资不足情况加剧。通过将自由现金流量分为自由现金流量充裕（Fcf≥0）和自由现金流量不足（Fcf<0）两种情况发现：当企业自由现金流量不足时，企业投资不足情况越严重，且无实际控制人企业的这种情况更为突出；在自由现金流量充裕时，企业也存在投资不足的现象，但无实际控制人企业并不比实际控制人企业情况严重。

通过对自由现金流量与非效率投资的研究发现，虽然无实际控制人发展到目前数量并不多，只占到 A 股上市公司的百分之三，但应看到从 2009 年到现在这部分公司的数量在逐步增加，且笔者认为随着我国经济的发展和资本市场的不断完善，这部分上市公司还将不断地增加。此外，通过对比有无实际控制人公司发现，由于实际控制人的缺失，代理成本增加，管理层权力增大，更容易导致非效率投资。因此，本书提出以下建议：

首先，完善公司治理结构和公司的监督机制与激励机制，抑制管理层非效率投资行为。委托代理问题是管理层进行非效率投资的重要因素，而完善的监督和激励可以降低代理成本，促使管理层与股东目标一致。无实际控制人企业股权分散，管理层缺乏所有者的监督，使得管理层权力相对实际控制人企业更大，因此，完善监督机制，加强对管理层的监督，可以抑制其非效率投资行为。强化内部监督机制，增加监事会人员配置和优化运行机制，使其真正拥有对管理层监督的权力。同时，建立外部监督机制，发挥利益相关者监督角色，增强员工、投资者和债权人对管理层的监管。内外结合，相得益彰。此外，改变单一的分配模式，设计合理的激励机制，促使管理层与股东目标趋同。

其次，加强对自由现金流量的监管与披露。通过本书的研究发现，自由现金流量的多少与管理层非效率投资密切相关，无实际控制人企业在现金流充裕情况下，过度投资要相对更严重，在现金流不足情况下，投资不足要更突出。因此，加强对自由现金流量的监管与披露，可以抑制管理层自利行为，减少企业非效率投资行为的发生。

最后，完善资本市场。应完善资本市场环境，建立健全相关法律法规，加强上市公司信息披露制度，提高企业财务状况透明度，减少信息不对称。完善我国发债机制，给企业提供一个完善的、流动性强的、债股合理的融资环境，鼓励企业完善融资结构，减少企业因为内部现金流不足，而外部融资约束所产生投资不足行为。

参考文献

［1］Aggarwal R K，Samwick A A. Empire－builders and Shirkers：Investment，Firm Performance and Managerial Incentives ［J］. Journal of Corporate Finance，2006，12（3）：489－515.

［2］Borokhovich K A，Brunarski K R，Harman Y，et al. Dividends，Corporate Monitors and Agency Costs ［J］. Financial Review，2010，40（1）：37－65.

［3］Fafinha J. Dividend Policy，Corporate Governance and the Managerial Entrenchment Hypothesis：An Empirical Analysis ［J］. Journal of Business Finance and Accounting，2003，30（9－10）：1173－1210.

［4］Fazzari S M，Hubbard R G，Peterse B C. Financing Constraints and Corporate Investment ［J］. Brookings Papers on Economic Activity，1988（1）：141－206.

［5］Grenadier S R，Wang N. Investment Timing，Agency，and Information ［J］. Journal of Financial Economics，2005，75（3）：493－533.

［6］Harford J，Mansi S A，Maxwell W F. Corporate Governance and Firm Cash Holdings in the U. S ［J］ Journal of Financial Economics，2008，87（3）：535－555.

［7］Hirshleifer D，Thakor A V. Managerial Conservatism，Project Choice，and Debt ［J］. Review of Financial Studies，1992，5（3）：437－470.

［8］Holmstrom B，Costa J R I. Managerial Incentives and Capital Management ［J］. Quarterly Journal of Economics，1986，101（4）：

835-860.

[9] Jensen M C, Meckling W H. Theory of the Firm: Managerial Behavior, Agency Costs, and Ownership Structure [J]. Journal of Financial Economics, 1976, 3 (4): 305-360.

[10] Jensen M C. The Modern Industrial Revolution, Exit, and the Failure of Internal Control Systems [J]. The Journal of Finance, 1993, 48 (3): 831-880.

[11] Jensen M. Agency Costs of Free Cash Flows, Corporate Finance and Takeovers [J]. American Economic Review, 1986, 76 (2): 323-329.

[12] Jevons W S. The Theory of Political Economy [M]. New York: Angustus M. Kelley, 1871.

[13] Jorgenson D W. Capital Theory and Investment Behavior [J]. The American Economic Review, 1963, 53 (2): 247-259.

[14] Lie E. Excess Funds and Agency Problems: An Empirical Study of Incremental Cash Disbursements [J]. Review of Financial Studies, 2000, 13 (1): 219-247.

[15] Mcknight P J, Weir C. Agency Costs, Corporate Governance Mechanisms and Ownership Structure in Large UK Publicly Quoted Companies: A Panel Data Analysis [J]. Quarterly Review of Economics & Finance, 2009, 49 (2): 139-158.

[16] Modigliani F, Miller M H. The Cost of Capital, Corporation Finance and the Theory of Investment [J]. The American Economic Review, 1958, 48 (3): 261-297.

[17] Morgado A, Pindado J. The Underinvestment and Overinvestment Hypotheses: An Analysis Using Panel Data [J]. European Financial Management, 2003, 9 (2): 163-177.

[18] Murphy K J. Corporate Performance and Managerial Remuneration: An Empirical Analysis [J]. Journal of Accounting & Economics, 1985, 7 (1): 11-42.

[19] Myers S C. Determinants of Corporate Borrowing [J]. Journal of Financial Economics, 1977, 5 (2): 147-175.

[20] Myers S C, Majluf N S. Corporate Financing and Investment Decisions When Firms Have Information That Investors Do Not Have [J]. Journal

of Financial Economics, 1984, 13 (2): 138－221.

[21] Narayanan M P. Debt Versus Equity Under Asymmetric Information [J]. Journal of Financial and Quantitative Analysis, 1988, 23 (1): 39－51.

[22] Narayanan M P. Managerial Incentives for Short－term Results [J]. Journal of Finance, 1985, 40 (5): 1469.

[23] Oprea R. Free Cash Flow and Takeover Threats: An Experimental Study [J]. Southern Economic Journal, 2008, 75 (2): 351－366.

[24] Ozkan A. An Empirical Analysis of Corporate Debt Maturity Structure [J]. European Financial Management, 2000, 6 (2): 197－212.

[25] Richardson S. Over － investment of Free Cash Flow [J]. Review of Accounting Studies, 2006, 11 (2－3): 159－189.

[26] Shin H H, Kim Y H. Agency Costs and Efficiency of Business Capital Investment: Evidence from Quarterly Capital Expenditures [J]. Journal of Corporate Finance, 2002, 8 (2): 139－158.

[27] Shleifer A, Vishny R. A survey of Corporate Governance [J]. Journal of Finance, 1997, 52 (2): 737－783.

[28] Shleifer A, Vishny R W. The Efficiency of Investment in the Presence of Aggregate Demand Spillovers [J]. Journal of Political Economy, 1988, 96 (6): 1221－1231.

[29] Smith C W, Warner J B. On financial Contracting: An Analysis of Bond Covenants [J]. Journal of Financial Economics, 1979, 7 (2): 117－161.

[30] Stulz R M. Managerial Discretion and Optimal Financing Policies [J]. Journal of Financial Economics, 1990, 26 (1): 3－27.

[31] Vogt S C. The Cash Flow/Investment Relationship: Evidence from U. S. Manufacturing Firms [J]. Financial Management, 1994, 23 (2): 3－20.

[32] Wei K C J, Yi Z. Ownership Structure, Cash Flow, and Capital Investment: Evidence from East Asian Economies Before the Financial Crisis [J]. Journal of Corporate Finance, 2008, 14 (2): 118－132.

[33] Williamson O E. The economics of Discretionary Behavior: Managerial Objectives in a Theory of the Firm [M]. Chicago, Illinois: Markham

Publishing Company，1964.

[34] Zhang R. The Effects of Firm－and Country－level Governance Mechanisms on Dividend Policy，Cash Holdings，and Firm Value：A Cross－country Study ［J］. SSRN Electronic Journal，2005，22（1）：1－35.

[35] 白俊，连立帅. 国企过度投资溯因：政府干预抑或管理层自利？［J］. 会计研究，2014（2）：41－48.

[36] 陈文浩，周雅君. 竞争战略、资本结构与企业业绩 ［J］. 财经研究，2007，33（1）：134－143.

[37] 干胜道. 自由现金流量专题研究 ［M］. 大连：东北财经大学出版社，2009.

[38] 干胜道，胡明霞. 管理层权力、内部控制与过度投资——基于国有上市公司的证据 ［J］. 审计与经济研究，2014，29（5）：40－47.

[39] 胡建平，干胜道. 钱多办"坏"事：自由现金流量与过度投资 ［J］. 当代财经，2007（11）：107－110.

[40] 胡建平，干胜道. 产品市场竞争、自由现金流量和代理成本 ［J］. 统计与决策，2008（7）：184－185.

[41] 胡国柳，刘宝劲，马庆仁. 上市公司股权结构与现金持有水平关系的实证分析 ［J］. 财经理论与实践，2006，27（4）：39－44.

[42] 黄本多，干胜道. 股权制衡、自由现金流量与过度投资研究 ［J］. 商业研究，2009（9）：138－140.

[43] 李伟，李艳鹤. 内部控制质量、自由现金流量与非效率投资 ［J］. 财经问题研究，2017（11）：79－84.

[44] 李维安，等. 公司治理评价与指数研究 ［M］. 北京：高等教育出版社，2005.

[45] 马如静，唐雪松，贺明明. 我国企业过度投资问题研究——来自证券市场的证据 ［J］. 经济问题探索，2007（6）：55－60.

[46] 倪志伟，宋慧，李志东. 股权分置改革视角下的多重大股东与现金流量敏感度关系研究 ［J］. 统计与决策，2016（1）：160－163.

[47] 魏明海，柳建华. 国企分红、治理因素与过度投资 ［J］. 管理世界，2007（4）：88－95.

[48] 伍利娜，陆正飞. 企业投资行为与融资结构的关系——基于一项实验研究的发现 ［J］. 管理世界，2005（4）：99－105.

［49］王铁媛．管理层权力、自由现金流与投资效率［J］．财会通讯，2016
（9）：52－55.

［50］王茂林，何玉润，林慧婷．管理层权力、现金股利与企业投资效率［J］.
南开管理评论，2014（2）：13－22.

［51］辛宇，徐莉萍．公司治理机制与超额现金持有水平［J］．管理世界，
2006（5）：136－141.

［52］肖珉．自由现金流量、利益输送与现金股利［J］．经济科学，2005，27
（2）：67－76.

［53］易颜新，柯大钢，王平心．我国上市公司股利分配决策的调查研究分析
［J］．南开管理评论，2008，11（1）：48－57.

［54］于晓红，姜百灵，李阳．现金股利、自由现金流与投资效率的关系——
基于我国 A 股制造业上市公司样本数据的分析［J］．当代经济研究，
2017（1）：80－88.

［55］张维迎．博弈论与信息经济学［M］．上海：格致出版社，2012.

［56］张中华，王治．内部现金流与中国上市公司投资行为：一个综合分析框
架［J］．当代经济科学，2006，28（6）：58－65.

第四章　无实际控制人上市公司分配行为研究

第一节　研究背景

　　薪酬收入一直以来都是公众关注的热点话题。劳动者为企业付出了形式多样的劳动，换取的企业支付的一定劳动报酬即是薪酬。它既包括狭义范畴内的货币薪酬，也包括广义范畴内的非货币薪酬。近年来，企业高管的天价薪酬一次又一次地刷新着记录。"天价薪酬"这一概念源于 2008 年美国的金融危机，金融危机下的经济发展持续低迷，经济增长十分缓慢，企业破产倒闭，劳动人员失业率节节攀升。在这种背景下，华尔街高管却分得了巨额年终奖金，获得天价薪酬，引起社会公众和舆论媒体一片哗然，甚至连美国政府也针对这种现象采取了系列措施，实施了"限薪令"。美国曾提出，金融企业在接受政府扶持时，高管的年收入不能超过 50 万美元；否则，超出该标准的部分将转化成股票形式，向社会公众进行发放，且不得将股票在援助贷款被清偿完毕前进行变现①。可见，天价薪酬背后揭示的是薪酬差距而带来的社会财富分配不公和社会矛盾。

　　随着修订后《年度报告的内容与格式准则》的出台，董事长、总经理、董秘等高管的薪酬都被要求进行详细披露。我国高管薪酬引起了各界的广泛关注。

　　近年来，央企高管薪酬改革不断出现在公众的视野中，针对高管"天价薪酬"这一现象，我国的"限薪令"——《关于进一步规范中央企业负责人薪酬管理的指导意见》也应运而生，由国家相关部委在 2009 年联合出台的这份指

---

　　① 新华网：《美国会收紧限薪令》，http://news.xinhuanet.com/world/2009-02/16/content_10825484.htm，2009 年 2 月 16 日。

导意见，把高管和员工薪酬均值紧密相扣，按照"先考核后兑现"原则向企业员工发放绩效年薪。至于高管的中长期激励，也采取了一些约束性规定。通过这种方式将企业员工薪酬激励与约束相统一，平衡企业内部薪酬。2013年国家发改委、财政部、人社部出台的《关于深化收入分配制度改革的若干意见》强调，要坚持注重效率、维护公平。不仅仅是央企、国企，非国有企业依然存在薪酬差距过大的问题。社会经济始终在发展进步，而传统的"公平"思想却贯穿其中。收入分配的不公与国家提出的兼顾效率与公平相悖，不利于激发广大人民的工作积极性，不利于社会经济的健康发展，不利于维护社会主义公平公正。薪酬激励作为企业激励制度的重要组成部分，与企业绩效、企业发展等息息相关。

高管薪酬与企业绩效是否存在一定关系，以及存在什么样的关系，一直都受到学者们的关注。有的学者认为，高管薪酬与企业绩效存在相关性，一部分认为二者之间存在正相关性，另一部分认为存在负相关性。还有的学者认为，高管薪酬与企业绩效不相关。

本章将以无实际控制人上市公司为研究对象，考察无实际控制人公司高管薪酬对企业绩效带来的影响；同时，从企业绩效波动性出发，考察高管薪酬对企业绩效波动带来的影响。

第二节　概念界定与文献综述

一、相关概念的界定

（一）高管人员（高级管理人员）

从现有法律法规和有关制度规定来看，《公司法》第二百一十六条规定指出，正副经理、财务负责人均应纳入高管人员范畴中。上市公司高管人员还应将董秘这一职务及其他章程规定人员包含进去。2014年8月通过的《中央管理企业负责人薪酬制度改革方案》指出，中央管理企业负责人包括企业董事长、党委书记（党组书记）、总经理（总裁、行长等）、监事长（监事会主席）以及其他副职负责人。

结合既有的国内外研究来看，Hambrick 和 Mason（1984）首度将高层人员称为"管理梯队"，该梯队的架构涵盖了 CEO 和少数几位管理者。

Carpenter 和 Sanders（2002）在研究 CEO 和高管团队关系时指出，高管团队包括董事会主席、副主席、CEO、COO、总裁和副总裁。Siege 和 Hambrick（2005）则将 CEO、COO、CFO、总裁及经理人作为高管人员。谌新民、刘善敏（2003）从公司治理结构模式角度出发，将对企业绩效产生重要影响的董事长和总经理界定为高管人员。陆正飞、王雄元等（2012）将董事、监事均囊括在了高管人员队列中。周春梅、张成心（2014）将旅游企业中的正副经理、财务责任人及董秘等成员纳入高管范畴。

根据国内外学者们的研究并结合我国相关法律法规制度，本书对高管的范畴划定为财务报表披露的领薪高管人员，包括董事长、董事会成员、监事会成员、正副总裁、正副经理等。主要原因有：第一，高管人员是负责制定企业战略决策，规划企业发展方向，推动企业经营发展的重要力量。高管人员是一个团队，只靠董事长或总经理的力量是不够的。第二，本书研究的是高管薪酬，为了保证研究的有效性和全面性，对高管的界定需更加全面。第三，高管领薪数据在披露的上市公司年报中易于获取和分析。

（二）高管薪酬

对于高管薪酬，证监会 2013 年实施的《公开发行证券的公司信息披露内容与格式准则第 2 号——年度报告的内容与格式（2012 年修订）》指出，上市公司要对基本工资、奖金、津贴补贴、福利费和五险一金等其他形式报酬进行披露。

回顾学者们的研究可以发现，孙烨、高倩（2010）对高管人员薪酬的衡量考虑了报告期内的基本工资、奖金、福利补贴和津贴等。杨海燕（2014）在研究薪酬激励时对高管和员工薪酬分别进行了界定。其中，高管薪酬包括现金及公司股权，员工薪酬主要为现金薪酬。

综上所述，从广义的角度来看，薪酬是企业全体人员向企业提供劳务、知识、技能等而从企业获得的以货币形式计量和以非货币形式计量的报酬。以货币形式计量的报酬主要有流通中的现金、各类票据及其他货币资金。以非货币形式计量的报酬主要有股票期权、晋升培训及各种福利。从狭义视角来看，以货币如工资、奖金、津贴等计价为薪酬的主要特点。因此，为了统一口径，笔者侧重于从财务报表角度研究狭义的货币薪酬，重点关注企业财务报表上所披露的工资、奖金、津贴福利等货币性薪酬。

（三）企业绩效

企业绩效既包括企业绩效水平，也包括企业绩效波动。所谓企业绩效是指一定时期内企业为达成经营目标而不断实现的企业经营效益和经营业绩。从财务管理视角进行绩效评价，主要从债务偿还、盈利、运营和企业成长四个维度展开。

对于企业绩效的衡量则更是千差万别。美国学者 Robert Kaplan 和 David Norton 提出了平衡记分卡（Balanced Scorecard），从财务维度和非财务维度评价企业绩效。孙万欣（2010）从现金流的角度出发，设计了盈利能力指标，包括净资产现金收益率、总资产现金报酬率等。李建丽、张念立（2007）将 EVA 经济增加值和平衡记分卡相融合，构建了一个评价体系，选取净资产收益率指标衡量企业绩效。李绍龙、龙立荣等（2012）用每股收益衡量企业绩效。Shijun Cheng（2008）在研究董事会规模对公司绩效构成的影响时，采用了总资产报酬率测度企业绩效。

对于企业绩效波动的评价，张瑞君、李小荣（2012）通过计算样本年度区间内的总资产净利率和净资产收益率的标准差来反映企业绩效的波动性。权小锋、吴世农（2010）在研究信息披露对业绩带来的波动性影响时，分别从横向波动和纵向波动的角度进行了考虑，选取总资产报酬率、托宾 Q 指标的标准差来反映业绩波动性。

综上所述，国内外学者主要从财务指标的角度来衡量企业绩效，常用的指标有资产报酬率（ROA）、资产净利率（ROE）、托宾 Q 和每股收益（EPS）等。而对于如何测度企业绩效波动，学者们多通过计算资产报酬率标准差的方式。然而，当前托宾 Q 等指标在我国企业中的运用尚处于发展阶段，且计算复杂，因而在运用过程中存在很多局限。

二、文献综述

（一）高管薪酬与企业绩效关系的文献回顾

有关薪酬与企业绩效相关性的研究始于 Taussing 和 Baker（1925），他们以美国不同行业的企业为研究对象，发现高管薪酬与企业绩效呈弱相关关系。Murphy（1985）以美国制造业企业经理为研究对象，长期关注单个高管的数据，发现以股东回报衡量的高管薪酬与以销售额增长衡量的公司业绩呈显著正相关。Coughlan 和 Schmidt（1985）根据福布斯调查确定的 CEO 薪酬，以 249 家公司为研究样本，发现部分样本中薪酬变化与股价表现显著相关。Ozkan（2007）以 414 家大型英国金融企业的 CEO 为研究对象，发现公司绩效与 CEO 总报酬为显著正相关。Sigler（2011）以 2006—2009 年在纽交所上市的 280 家公司为样本，发现 CEO 薪酬总额与以股本回报率衡量的公司业绩存在显著正相关关系。Morck 和 Shleifer 等（2006）以 1980 年 371 家财富 500 强企业为研究对象，发现以托宾 Q 衡量的企业绩效与高管持股比例具有非线性相关性。当高管持股比例为 0%～5% 和 25%～100% 时，两者为正相关关系；当持股比例为 5%～25% 时，两者为负相关关系。McConnell 和 Servaes（1990）以 1976 年 1173 家和 1986 年 1093 家公司为样本，研究了托宾 Q 和股权结构的关系。他们发现，高管持股与企业绩效之间呈显著的曲线相关关系，即曲线先向上倾斜（正相关），内部人持股达到约 40%～50% 后会略微向下倾斜（负相关）。托宾 Q 与机构投资者持股比例之间存在显著正相关关系。

　　刘国亮和王加胜（2000）以 1999 年沪、深两市上市公司数据为样本进行实证分析，发现管理层年度薪酬与企业绩效具有负相关关系，管理层持股比例与企业绩效具有正相关关系。张俊瑞等（2003）分析了 2001 年 127 家上市公司高管薪酬激励和公司经营绩效的关系，发现高管人均年度薪酬与每股收益、股本具有线性关系，高管人均年度薪酬与每股收益显著正相关。魏明海和卢锐（2004）以 2001—2002 年上交所 551 家上市公司为样本，发现大多数控股类型上市公司高管薪酬一定程度上与净利润具有相关关系。杜胜利和翟艳玲（2005）以 2002 年 A 股上市的 1241 家公司为样本，通过实证研究发现，高管薪酬与企业绩效呈正相关关系，对高管薪酬具有显著影响的因素之一便是企业绩效。李维安和李汉军（2006）以 1999—2003 年民营上市公司为样本，分析了股权激励与企业绩效的关系。他们发现第一大股东持股比例与企业绩效呈非线性相关。当持股比例小于 20% 时，两者呈负相关关系；当持股比例为 20%～40% 时，两者呈倒 U 型关系。第二至第十大股东持股比例之和与企业绩效具有显著的正相关性。王培欣、田英辰和李锐（2006）对 2003 年 A 股 23 个行业 858 家上市公司进行了分组检验，发现高管年度薪酬与企业绩效呈较显著的正相关关系，与国有股比例呈较弱的负相关关系。杜兴强和王丽华（2007）以 1999—2003 年上市公司为样本，发现高管薪酬与股东财富前后两期变化呈正相关，与本期托宾 Q 变化呈负相关，与上期托宾 Q 变化呈正相关。陈旭东和谷静（2008）以沪深两市 2005 年 A 股上市公司横截面数据为样本，他们发现高管薪酬与企业绩效呈显著正相关性，高管薪酬与国有股比例呈显著负相关性，高管薪酬与企业绩效并不存在内生性关系。张永安和蔡洁雯（2008）以 2005—2006 年 130 家国有上市公司为样本，发现央企高管薪酬、高管持股与企业绩效均不存在显著的正相关关系。毕艳杰（2008）以 2004 年度沪深两市 324 家家族控股上市公司为样本，研究发现家族公司高管薪酬与企业绩效呈显著的倒 U 型关系，并且大部分家族公司高管薪酬与企业绩效处于正相关阶段。吴育辉和吴世农（2010）以 2004—2008 年 A 股 1335 家上市公司为样本，发现高管薪酬仅仅与 ROA 显著正相关。刘绍娓和陈超凡（2012）以 2006—2010 年沪深两市 633 家 A 股上市公司为样本，研究发现高管薪酬激励对公司绩效具有显著正向促进作用，其影响是一个连续动态过程。从长期来看，高管薪酬激励是提升资产收益率和股东财富的重要因素。李永周和潘丹（2012）以 2007—2010 年钢铁行业上市公司为研究对象，实证分析发现高管现金薪酬与企业绩效不存在显著正相关关系，高管持股比例与企业绩效呈显著正相关关系。刘继红（2013）以 2009—2010 年制造业上市公司为样本，发现制造业上市公司高管薪酬与本年会计业绩呈负相关，与上年会计业绩呈正相关，与本年和上年的市场业绩呈正相关，高管薪酬对市场业绩的影响强度大于高管薪酬对会计业绩的影响强度。李文新和杨凌暄（2013）以主板 2011 年计算机服务业 49 家上市公司为样本，实证发现净资产收益率与高管薪酬呈显著相关关系。刘绍娓和万大艳（2013）以 2003—2010 年沪深两市 296 家国有和 176 家非国有 A 股上市公司为样本，实证发现高管薪酬水平与公司绩效显著呈正相关。非国有上市公司高管薪酬对公司绩效的影响程度随着高管持股数量的增加而增加，国有上市公司则相反，公司规模会降低高管薪酬对公司绩效的影响，只有当国有上市公司和非国有企业的股权集中度在不同的区间范围内，高管薪酬与公司绩效才表现出显著正相关关系。张瑞君和李小荣等（2013）以 2005—2009 年沪深两市上市公司为样本，研究发现，风险承担在高管薪酬激励与企业绩效之间发挥着中介效用作用，货币薪酬提高促使高管努力寻找投资机会，而不是尽量规避风险，从而提高企业价值。

（二）企业绩效波动的文献回顾

Renée B. Adams 和 Heitor Almeida（2005）在研究股东权利对企业绩效带来的影响时指出，管理层权力的增加会导致股票收益波动更加剧烈。Anand M. Goel 和 Anjan V. Thakor（2008）在研究 CEO 过度自信、CEO 抉择和公司治理的关系时指出，企业高管人员为了寻求职位的晋升、薪酬的提升等，做出的决策将更加具备风险性。决策风险增大会导致企业经营风险的增加，进一步又影响到了企业绩效，易导致绩效波动。李胜楠和牛建波（2009）指出，董事会独立性的提高会让企业业绩更加平稳，波动也更小，二者呈显著正相关。李琳、刘凤委和卢文彬（2009）从公司治理的角度出发，对企业股权制衡和企业绩效波动的关系展开研究。他们指出，企业绩效的波动更小，反映出股权制衡类公司绩效更加具有稳定性。权小锋和吴世农（2010）指出，CEO 权力强度对企业绩效波动存在正向影响，同时也伴随更大的经营风险。同时，非国有控股企业中，企业高管权力大小会影响企业绩效波动。企业信息披露质量越高，企业绩效波动也就越小。李民（2012）以董事年龄为切入点考察企业绩效波动，发现董事年龄异质性与企业业绩波动存在负相关关系。

（三）文献评述

相较于国外学者对薪酬激励和企业绩效相关问题的研究，我国学者的研究起步较晚。在文献回顾的过程中，可以看到现有国内研究尚未见二者相关性的一致结论。早期国外学者研究得出高管薪酬与企业绩效为弱相关或者不相关关系，但近年来有众多学者发现两者存在或部分存在正相关关系。同时，国内有关高管持股与企业绩效的文献多支持两者呈正相关关系，认为高管持股比例越高，企业绩效越好。另外，从指标选择来看，目前国内学者多采用货币薪酬代表高管薪酬指标，主要采用资产报酬率、净资产收益率、每股收益、托宾 Q 值等来衡量企业绩效，既有选择单一指标衡量的，也有选择多维指标衡量的。从样本选择来看，不同行业、不同地区、不同年份的数据，导致样本数据存在差异。从模型设计来看，有的研究以企业绩效为被解释变量，以高管薪酬为解释变量来建立模型，而有的研究刚好相反。从现有研究文献来看，高管薪酬与企业绩效的关系问题还存在很大的研究空间。

第三节　无实际控制人上市公司分配行为假设提出

到目前为止，有关高管薪酬与企业绩效的研究多集中于有实际控制人的公司，鲜有文献关注无实际控制人公司。近年来，无实际控制人公司逐渐增多，相对于实际控制人公司，无实际控制人公司高管薪酬的定价更加市场化，进而对公司的绩效更易产生影响。无实际控制人公司由于缺乏实际控制人，股权相对分散，股东意见容易出现分歧，容易导致决策效率不佳，影响公司经营管理。

Murphy（1985）、Ozkan（2007）等国外学者和杜兴强、王丽华（2007）及吴育辉、吴世农（2010）等国内学者认为高管薪酬对公司绩效具有正向促进作用，结合无实际控制人公司特征，本书预期无实际控制人公司高管薪酬对公司绩效带来的正向促进作用被削弱了，提出如下假设：

假设 1：相较于实际控制人公司，无实际控制人公司削弱了高管薪酬对公司绩效的正向促进作用。

公司业绩的好坏，绝不单单是透过公司绩效的高低来反映，公司绩效波动理应受到更多关注。从学者们既有的研究可以看出，Shijun Cheng（2008）从董事会规模角度，权小锋、吴世农（2010）从 CEO 权力以及信息披露角度，李民（2012）从董事年龄异质性角度，张瑞君、李小荣（2012）从公司层级维度分别研究了上述因素对公司绩效波动的影响。由于高管薪酬会对公司绩效产生影响，那么也会对公司绩效波动产生影响。因此，本书预期高管薪酬也会对公司绩效的波动带来一定影响，提出如下假设：

假设 2：相较于实际控制人公司，无实际控制人公司削弱了高管薪酬对公司绩效波动的影响。

第四节　无实际控制人上市公司分配行为的实证研究与分析

一、样本选择与数据来源

本研究以 2015—2017 年 A 股上市公司中无实际控制人公司为研究对象，结合研究需要，在样本选择的过程中作出如下筛选：

剔除发生经营异常或财务业绩差的 ST、*ST 公司，避免极端值影响研究数据的准确性；剔除高管薪酬数据缺失以及未披露高管薪酬数据的公司；剔除样本缺失数据无法通过其他方式获取的公司。

本数据来源于国泰安（CSMAR）数据库。部分关键缺失数据通过证监会、上交所等网站公布的上市公司年报经手工抄录获取。借助于 EXCEL 和 SPSS19.0 软件对相关数据进行分析处理。经过对样本数据的收集、整理和筛选，最终获得样本观察值 8905 个。

二、变量设计

（一）被解释变量

学者们在衡量企业绩效时，主要选取总资产报酬率（陈丁、张顺，2010；柏培文，2011）、净资产报酬率（魏光兴、李魁梅，2014；周春梅、张成心，2014）、托宾 Q（杜兴强、王丽华，2007；赵睿，2012）和每股收益（李绍龙、龙立荣等，2012）等指标。在衡量企业绩效波动时，主要采用总资产报酬率标准差（李胜楠、牛建波，2009；权小锋、吴世农，2010）等，标准差越大，说明企业绩效波动越大，其稳定性也越差。

由于总资产报酬率是对企业一定时期内获得的报酬总额和平均总资产比率的分析，有助于掌握企业资产总体盈利能力，并合理评价企业绩效，具有整体性、综合性、时序性的特征。因此，本书以总资产报酬率衡量企业绩效，以样本年度区间内的季度总资产报酬率的标准差衡量企业绩效波动。

（二）解释变量

现有研究主要从两个维度衡量高管薪酬：一是以排名前三的高管薪酬来衡量整个高管团队薪酬，二是使用董事会、正副经理、正副总裁、监事会等全体高管薪酬来衡量。本书以年报披露的董事、监事、高管人员薪酬总额除以高管人数来衡量高管薪酬。若公司为无实际控制人取 1，否则取 0。

（三）控制变量

借鉴既有研究，对可能影响企业绩效的企业规模、负债比例、股权集中度、董事长总经理两职兼任、企业性质、独董比例等相关因素进行控制，同时对年度虚拟变量进行控制。变量定义如表 4-1 所示。

表 4-1　变量定义表

变量性质	变量名称	变量符号	计算方法
被解释变量	企业绩效	ROA	净利润/总资产余额
	企业绩效波动	VAROA	总资产报酬率的标准差
解释变量	高管薪酬	Wage	董事、监事、高管人员薪酬总额/高管人数
	无实际控制人	Nonctr	若公司为无实际控制人取 1，否则为 0
控制变量	企业规模	Size	ln（年末总资产）
	负债比例	Level	负债总额/资产总额
	股权集中度	Herf10	前十大股东持股比例之和
	董事长总经理两职兼任	Power	两职兼任取值为 1，否则取值为 0
	企业性质	Soe	国有企业取值为 1，否则取值为 0
	独董比例	Inde	独立董事人数/董事会人数
	年份虚拟变量	Year	共 4 个年度，设置 3 个虚拟变量属于某年度取值为 1，否则取值为 0

三、模型构建

根据研究假设，构建如下回归模型：

假设 1：相较于实际控制人企业，无实际控制人企业削弱了高管薪酬对企业绩效的正向促进作用。

$$ROA = \beta_0 + \beta_1 Wage + \beta_2 Nonctr + \beta_3 Wage \times Nonctr + \beta_4 Soe + \beta_5 Size + \beta_6 Lev + \beta_7 Herf10 + \beta_8 Inde + \beta_9 Power + \sum \beta_{i+9} Year + \varepsilon$$

假设 2：相较于实际控制人企业，无实际控制人企业削弱了高管薪酬对企业绩效波动的影响。

$$VAROA = \beta_0 + \beta_1 Wage + \beta_2 Nonctr + \beta_3 Wage \times Nonctr + \beta_4 Soe + \beta_5 Size + \beta_6 Lev + \beta_7 Herf10 + \beta_8 Inde + \beta_9 Power + \sum \beta_{i+9} Year + \varepsilon$$

四、描述性统计分析

运用 SPSS19.0 软件对研究变量进行描述性统计分析，结果如表 4-2 所示。

表 4-2　2015—2017 年总样本各变量描述性统计分析

变量	极小值	极大值	均值	标准差
Wage	72517.00	18979667.00	927149.18	851053.11
ROA	−0.7747	0.6689	0.0476	0.0636
VAROA	0.0005	0.9100	0.0198	0.0222
Nonctr	0	1.000	0.040	0.205
Power	−2.5338	3.7876	0.2158	1.3935
Soe	0	1.000	0.320	0.468
Size	19.1946	25.8509	22.1591	1.2889
Lev	0.0461	0.9794	0.4116	0.2053
Herf10	1.3103	101.1600	59.3274	15.0724
Inde	0.0300	0.5714	0.2393	0.1736

（一）总样本各变量描述性统计分析

如表 4-2 所示，高管薪酬极大值为 18979667.00，极小值为 72517.00，均值为 927149.18，说明企业高管薪酬之间存在较为明显的差异。值得注意的是，最大值与最小值相差了约 262 倍，且标准差较大，反映出不同企业高管薪酬差异性很大。无实际控制人均值为 0.040，反映出无实际控制人公司占上市公司的比例约为 4%。总资产报酬率极小值为 -0.7747，极大值为 0.6689，标准差仅为 0.0636，说明各企业总资产报酬率变动幅度不大；同时，说明有企业存在亏损，企业的投入与产出较差，没有充分把握好对资产的运营。从资产报酬率的波动来看，均值为 0.0198，说明企业整体绩效波动不大，业绩较为稳定。企业规模最大值为 19.1946，均值为 22.1591，说明企业的规模普遍较大，也从侧面反映出我国上市公司的实力。董事长和总经理两职兼任变量、企业性质变量的均值分别为 0.2158 和 0.320，说明研究样本中，董事长和总经理两职兼任的企业占到了 21.58%，国有性质企业约占到了研究样本的 1/3。资产负债率极小值为 0.0461，说明企业举债较少，经营风险较低，没有充分利用债权资本进行经营；极大值为 0.9794，说明企业面临较高的经营风险；均值为 0.4116，说明整体上企业举债较为合理。股权集中度极小值为 1.3103，极大值为 101.1600，反映出样本公司内部股东权力存在较大差距。独立董事比例指标均值为 0.2393，标准差为 0.1736，说明独立董事在企业中的比例约为 24%，且董事会较稳定。大多数企业还是按照三分之一的比例设置独立董事，这也完全符合上市公司董事会有关规定。

（二）分年度样本描述性统计

如表 4-3 所示，2015—2017 年间样本公司的高管薪酬均值总体呈上升趋势，由 2015 年的 843265.09 上升到了 2017 年的 1015086.35。样本年度区间内，企业绩效均值呈上升趋势，一定程度上反映出高管薪酬与企业绩效的正相关关系。此外，企业规模、财务结构、股权集中度和独立董事比例四个指标在样本研究年度内都较为稳定。无实际控制人均值为 0.050，说明无实际控制人公司占样本总量的 5%。无实际控制人公司总体呈上升趋势，说明无实际控制人公司越来越多。

表 4-3   分年度样本描述性统计

变量	年份	极小值	极大值	均值	标准差
	2015		78667.00	18979667.00	843265.09	807355.66
Wage	2016	72517.00	12526800.00	904027.25	801384.97
	2017	81780.00	12640000.00	1015086.35	917594.02
	2015	−0.7053	0.6689	0.0374	0.0691
ROA	2016	−0.7747	0.4104	0.0478	0.0578
	2017	−0.7255	0.4964	0.0556	0.0628
	2015	0.0005	0.9100	0.0202	0.0285
VAROA	2016	0.0008	0.3444	0.0196	0.0198
	2017	0.0007	0.3629	0.0197	0.018
	2015	−2.5338	3.7876	0.0712	1.3881
Power	2016	−2.5338	3.7876	0.2170	1.3850
	2017	−2.5338	3.7876	0.3308	1.3950
	2015	0	1.000	0.360	0.479
Soe	2016	0	1.000	0.330	0.469
	2017	0	1.000	0.300	0.457
	2015	19.1946	25.8509	22.1098	1.2704
Size	2016	19.1946	25.8509	22.1712	1.2929
	2017	19.1946	25.8509	22.1879	1.2993
	2015	0.0461	0.9794	0.4246	0.2097
Lev	2016	0.0461	0.9794	0.4085	0.2060
	2017	0.0461	0.9794	0.4040	0.2007

变量	年份	极小值	极大值	均值	标准差
2015		1.3103	101.1600	58.1947	15.4410
2016	Herf10	10.9038	100.9700	59.0788	14.9459
2017		8.2650	98.5883	60.4585	14.8084
2015		0.0300	0.5714	0.2430	0.1736
2016	Inde	0.0300	0.5714	0.2377	0.1726
2017		0.0300	0.5714	0.2378	0.1744
2015		0	1.000	0.040	0.192
2016	Nonctr	0	1.000	0.050	0.211
2017		0	1.000	0.050	0.210

五、相关性分析

如表4－4所示，右上方为变量 Pearson 相关系数，左下方为变量
Spearman 相关系数。表中，高管薪酬与企业绩效均在1％的显著水平上呈正
相关，初步说明高管薪酬对企业绩效具有正向激励作用。两种相关系数表中，
高管薪酬与企业绩效波动均在1％的水平上呈显著正相关，初步说明高管薪酬
的提升会加剧企业绩效的波动。

表4－4　变量的相关系数表

	Mwage	ROA	VAROA	Power	Soe	Size	Lev	Herf10	Lnde	Nonctr
Mwage		0.102＊＊ (0.000)	0.070＊＊ (0.000)	0.029＊＊ (0.007)	−0.022＊ (0.038)	0.344＊＊ (0.000)	0.143＊＊ (0.000)	0.034＊＊ (0.001)	0.040＊＊ (0.000)	0.162＊＊ (0.000)
ROA	0.168＊＊ (0.000)		0.091＊＊ (0.000)	0.115＊＊ (0.000)	−0.186＊＊ (0.000)	−0.091＊＊ (0.000)	−0.354＊＊ (0.000)	0.275＊＊ (0.000)	−0.037＊＊ (0.000)	−0.006 (0.587)
VAROA	0.117＊＊ (0.645)	0.608＊＊ (0.000)		0.043＊＊ (0.000)	−0.081＊＊ (0.000)	−0.141＊＊ (0.000)	−0.115＊＊ (0.000)	0.062＊＊ (0.000)	0.015 (0.168)	0 (0.973)
Power	0.005 (0.000)	0.144＊＊ (0.000)	0.078＊＊ (0.000)		−0.334＊＊ (0.000)	−0.191＊＊ (0.000)	−0.173＊＊ (0.000)	0.035＊＊ (0.001)	−0.046＊＊ (0.000)	0.158＊＊ (0.000)
Soe	0.009 (0.409)	−0.243＊＊ (0.000)	−0.156＊＊ (0.000)	−0.358＊＊ (0.000)		0.382＊＊ (0.000)	0.304＊＊ (0.000)	−0.048＊＊ (0.000)	0.064＊＊ (0.000)	−0.083＊＊ (0.000)
Size	0.360＊＊ (0.000)	−0.164＊＊ (0.000)	0.205＊＊ (0.000)	0.206＊＊ (0.000)	0.371＊＊ (0.000)		0.538＊＊ (0.000)	0.074＊＊ (0.000)	0.076＊＊ (0.000)	0.020 (0.063)

	Mwage	ROA	VAROA	Power	Soe	Size	Lev	Herf10	Lnde	Nonctr
Lev	0.112** (0.000)	−0.412** (0.000)	−0.277** (0.000)	−0.175** (0.000)	0.299** (0.000)	0.541** (0.000)		−0.097** (0.000)	0.072** (0.000)	−0.005 (0.635)
Herf10	0.050** (0.000)	0.318** (0.000)	0.192** (0.000)	0.048** (0.000)	−0.064** (0.000)	−0.001 0.941	−0.109** (0.000)		−0.086** (0.000)	−0.113** (0.000)
Inde	0.036** (0.001)	−0.060** (0.000)	−0.014 (0.187)	−0.042** (0.000)	0.073** (0.000)	0.096** (0.000)	0.082** (0.000)	−0.067** (0.000)		0.003 (0.777)
Nonctr	0.132** (0.000)	−0.012 (0.271)	0.006 (0.577)	0.135** (0.000)	−0.083** (0.000)	0.013 (0.204)	−0.005 (0.67)	−0.103** (0.000)	0.008 (0.472)	

注：**表示在 0.01 水平（双侧）上显著相关，*表示在 0.05 水平（双侧）上显著相关。

六、多元回归分析

根据前述相关分析可发现，部分自变量之间具有显著的相关性。因此，在对研究模型进行回归分析时，分析了各自变量的容差和 VIF 值。其中，容差均大于 0.5，VIF 值均小于 2，说明各变量间不存在多重共线性问题，因而不会影响到研究模型的拟合优度，多元回归模型分析的方法具有可行性。

表 4—5　回归分析表

变量	被解释变量：ROA		被解释变量：VAROA	
	模型 1		模型 2	
	系数	t 值	系数	t 值
（常量）	−0.067***	−5.315	0.078***	15.932
Power	0.001***	2.599	5.55^{-5}	0.31
Soe	−0.012***	−7.914	$−1.07^{-5}$	−0.019
Size	0.004***	6.788	−0.003***	−12.53
Lev	−0.111***	−31.501	−0.004	−2.657
Herf10	0.001***	23.084	0***	6.66
Inde	0.002	0.519	0.004***	3.016
Nonctr	−0.002	−0.401	0.001	0.844
W * N	$−5.9^{-10}$**	−1.921	$−3.13^{-10}$***	−2.638
Wage	8.73^{-9}***	10.655	3.82^{-9}***	12.067

变量	被解释变量：ROA		被解释变量：VAROA	
	模型1		模型2	
	系数	t 值	系数	t 值
Year	控制	控制	控制	控制
R^2	0.221		0.044	
调整 R^2	0.22		0.043	
F 值	227.864***		37.31	

注：***表示在1%水平上显著，**表示在5%水平上显著，*表示在10%水平上显著。

模型1主要检验了无实际控制人公司中高管薪酬对企业绩效的影响，将企业绩效指标作为被解释变量。如表4—5所示，R^2为0.221，调整 R^2 为0.22，该模型的拟合优度较好。F 统计量为227.864，且在1%水平上具有显著性。高管薪酬与企业绩效在1%的水平上呈显著正相关，即高管薪酬对企业绩效具有正向促进作用。无实际控制人公司与高管薪酬的交乘项在5%的水平上显著，且系数为负，说明无实际控制人公司高管薪酬对企业绩效正向促进作用被削弱了，进一步验证了研究假设1。

模型2主要检验了无实际控制人公司高管薪酬对企业绩效波动的影响，将企业绩效波动作为被解释变量。如表4—5所示，R^2 为0.044，调整 R^2 为0.043，该模型的拟合优度较好。F 统计量为37.31，且在1%的水平上具有显著性。高管薪酬与企业绩效波动在1%的水平上显著正相关，即高管薪酬越高，企业绩效的波动性越大，企业所面临的经营风险越高。无实际控制人公司与高管薪酬的交乘项在1%的水平上显著，且系数为负，说明无实际控制人企业高管薪酬对企业绩效波动的影响作用被削弱了，进一步验证了研究假设2。

七、稳健性检验

为检验模型的可靠性，提高实证结果的稳健性，把总资产报酬率（ROA）替换成了净资产收益率（ROE），再对企业绩效进行衡量，并将其作为被解释变量。相应地，对企业绩效波动的衡量也采用了净资产收益率的标准差。在此基础上，重复前述实证分析方法，得到的回归结论与前述实证结论基本一致，也证明了本研究结论稳健可靠，此处不再进行详述。

第五节　研究结论与对策建议

一、研究结论

实际控制人企业中，高管薪酬与企业绩效呈正相关关系，即高管薪酬对企业绩效具有正向促进作用。但是，相较于实际控制人企业，无实际控制人公司缺乏实际控制人，股权相对分散，股东意见容易出现分歧，导致决策效率不佳，影响企业经营管理，高管薪酬对企业绩效的正向激励作用没有凸显出来。

实际控制人企业中，高管薪酬也是导致企业绩效波动的一个重要因素，企业绩效波动会随着高管薪酬的提升而加剧。随着高管薪酬提升，获得较低薪酬的高管团队成员及层级较低的员工，为谋求职位晋升和更高薪酬，会追求更好的企业绩效，高管人员可能将采取更冒险的经营决策，在这个过程中企业绩效难免产生波动。但是，无实际控制人公司高管薪酬与企业绩效挂钩不大，企业业绩好坏对高管薪酬并没有带来较大影响，因而高管薪酬对企业绩效波动的影响较小。

二、对策建议

（1）完善企业内部薪酬的披露，建立透明的薪酬评价体系。针对上市企业年报中对企业内部薪酬披露不完善、有效信息缺乏等问题，企业应着力完善薪酬的披露，细化高管人员在非货币薪酬、股权激励、在职消费、其他补贴等方面的披露，提高企业高管人员薪酬透明度。同时，应建立完善的企业薪酬披露制度，对企业全体员工薪酬基本情况进行披露，并构建一套合理的企业薪酬评价体系，推动企业内部薪酬分配的公平公正公开。

（2）将内部薪酬与企业绩效挂钩，不断推动企业绩效提升。要充分调动高管的工作效率和工作积极性，采取有效的激励措施，将高管薪酬与企业绩效挂钩，通过薪酬激励促进企业绩效的提升，同时以企业绩效来倒逼高管薪酬设置。在制定高管薪酬时，充分考虑企业经营绩效，高管会因自身利益而努力提升企业绩效。同时，还应建立高管的业绩考核办法与评价标准，根据自身实际情况，有针对性地评价高管业绩的指标，进而推动高管努力提升企业绩效。

（3）创新企业薪酬体系设计，充分发挥薪酬激励作用。现有薪酬分配制度无法实现绝对的财务公平，企业应改变传统薪酬体系设计观念和模式，推动企业薪酬分配制度创新和薪酬激励方式创新，充分考虑高管薪酬对企业绩效及其波动的影响，结合企业规模、企业类型、行业类别、所处地域等因素，设计具有自身特色的薪酬体系，有效激励企业员工。

第六节　研究局限和未来研究方向

一、研究局限性

（1）研究样本的限制。在选取样本时，仅选取了 2015—2017 年无实际控制人上市公司三年的数据。样本容量有限，得出的结论也只能在一定程度上反映无实际控制人上市公司高管薪酬对企业绩效带来的影响。尽管无实际控制人上市公司在 A 股上市公司中的数量越来越多，但样本容量依然不够大。

（2）研究指标的度量。以报表披露的数据为基础，仅选取了高管货币薪酬来反映高管的薪酬，然而，在货币薪酬之外的广义薪酬角度，还包括其他形式的非货币薪酬，如股权激励、各类补贴等。因而，对于薪酬内容的界定还有待进一步细化和完善。以总资产净利率和净利润作为实证研究的解释变量来衡量企业绩效，没有将市场指标考虑在内，得出的研究结果也仅仅是基于财务指标。

（3）研究模型的构建。本书在设计模型的各类变量时，结合了现有文献研究的相关内容。因而，变量设计并没有将每一个会影响高管薪酬或企业绩效的因素考虑进去，不是十分完善，因此还应逐步细化和深入研究。

二、未来研究方向

进一步完善指标的度量内容，将高管薪酬度量范围拓展到非货币薪酬方面，纳入股权激励、津贴福利、补贴等形式的薪酬，使薪酬指标的度量更加完善。对于企业绩效的度量，除了使用总资产收益率外，还可结合其他指标，将财务指标与市场指标如每股收益、经济增加值等结合起来考虑，使结果更具说服力。同时，还可研究不同行业、不同类型的无实际控制人企业高管薪酬的设置对企业绩效的影响。通过进一步研究无实际控制人上市公司高管薪酬问题，提出降低无实际控制人上市公司代理成本的有效对策，从而引导企业制定更加合理的激励与约束制度，促进企业高质量发展。

参考文献

[1] Hambrick D C, Mason P A. Upper Echelons. The Organization as A Reflection of Its Top Managers [J]. The Academy of Management Review, 1984 (2): 193－206.

[2] Carpenter S. Top Management Team Compensation: The Missing Link Between CEO Pay and Firm Performance [J]. Strategic Management Journal, 2002, 23 (4): 367－375.

[3] Siege H. Pay Disparities Within Top Management Groups: Evidence of Harmful Effects on Performance of High － technology Firms [J]. Organization Science, 2005, 16 (3): 259－274.

[4] Cheng S. Board Size and the Variability of Corporate Performance [J]. Journal of Financial Economics, 2008, 87 (1): 157－176.

[5] Taussig F W, Barker W S. American Corporations and Their Executives: A Statistical Inquiry [J]. The Quarterly Journal of Economics, 1925, 40 (1): 1－51.

[6] Murphy K J. Corporate Performance and Management Remuneration: An Empirical Analysis [J]. Journal of Accounting and Economics, 1985, 34 (3): 11－42.

[7] Coughlan A, Schmidt R. Managerial Compensation, Management Turnover and Firm Performance: an Empirical Investigation [J]. Journal of Accounting and Economics, 1985, 23 (13): 43－66.

[8] Ozkan N. Do Corporate Governance Mechanisms Influence CEO Compensation? An Empirical Investigation of UK Companies [J]. Journal of Multinational Financial Management, 2007, 17 (5): 349－364.

[9] Sigler K J. CEO Compensation and Company Performance [J]. Business and Economics Journal, 2011 (31): 1－8.

[10] Morck R, Shleifer A, Vishny W. Managerial Ownership and Market Valuation: An Empirical Analysis [J]. Journal of Financial Economics, 2006, 67 (4): 138－142.

[11] McConnell J，Servaes H. Additiona Evidence on Equity Ownership and Corporate Value [J]. Journal of Financial economics，1990，27（2）：595－612.

[12] Adams R B，Almeida H，Ferreira D. Powerful CEOs and Their Impact on Corporate Performance [J]. Review of Financial Studies，2005，18 (4)：1403－1432.

[13] Anand M G，Thakor A V. Overconfidence，CEO Selection，and Corporate Governance [J]. The Journal of Finance，2008，63（6）：2737－2784.

[14] Martin J，Conyon，Simon I. Peck. Board Control Remuneration Committees，and Top Management Compensation [J]. Administrative Science Quarterly，1998，41（2）：146－157.

[15] Brian G M，Main. Pay in the Boardroom：Practices and Procedures [J]. PersonnelReview，1993，22（7）：3－14.

[16] 谌新民，刘善敏. 上市公司经营者报酬结构性差异的实证研究 [J]. 经济研究，2003（8）：55－63.

[17] 陆正飞，王雄元，张鹏. 国有企业支付了更高的职工工资吗？[J]. 经济研究，2012（3）：28－39.

[18] 周春梅，张成心. 管理层权力、高管－员工薪酬差距与旅游企业绩效 [J]. 旅游学刊，2014（9）：101－109.

[19] 孙烨，高倩. 中国上市公司企业特性与高管薪酬差距的实证 [J]. 统计与决策，2010（24）：135－138.

[20] 杨海燕. 薪酬激励、薪酬差距与公司业绩 [J]. 会计之友，2014（29）：86－91.

[21] 孙万欣. 基于现金流的企业绩效评价指标研究 [J]. 商业会计，2010 (3)：42－43.

[22] 李建丽. 以价值创造为核心的企业绩效评价体系的构建 [J]. 财会月刊，2007（8）：39－41.

[23] 李绍龙，龙立荣，贺伟. 高管团队薪酬差异与企业绩效关系研究：行业特征的跨层调节作用 [J]. 南开管理评论，2012（4）：55－65.

[24] 张瑞君，李小荣. 金字塔结构、业绩波动与信用风险 [J]. 会计研究，2012（3）：62－71.

[25] 权小锋，吴世农. CEO 权力强度、信息披露质量与公司业绩的波动

性——基于深交所上市公司的实证研究 [J]. 南开管理评论，2010（4）：142－153.

[26] 刘国亮，王加胜. 上市公司股权结构、激励制度及绩效的实证研究 [J]. 经济理论与经济管理，2000（5）：48－57.

[27] 张俊瑞，赵进文，张建. 高级管理层激励与上市公司经营绩效相关性的实证分析 [J]. 会计研究，2003（9）：29－34.

[28] 魏明海，卢锐. 管理层风险报酬的有效分析 [J]. 当代财经，2004（3）：98－101.

[29] 杜胜利，翟艳玲. 总经理年度报酬决定因素的实证分析——以我国上市公司为例 [J]. 管理世界，2005（8）：114－120.

[30] 李维安，李汉军. 股权结构、高管持股与公司绩效——来自民营上市公司的证据 [J]. 南开管理评论，2006（9）：4－10.

[31] 王培欣，田英辰，李锐. 上市公司高管人员薪酬问题实证分析 [J]. 管理科学，2006，19（3）：59－65.

[32] 杜兴强，王丽华. 高层管理当局薪酬与上市公司业绩的相关性实证研究 [J]. 会计研究，2007（1）：58－65.

[33] 陈旭东，谷静. 上市公司高管薪酬与企业绩效的相关性研究 [J]. 财会通讯，2008（6）：87－89.

[34] 张永安，蔡洁雯. 中央企业上市公司高管激励与绩效分析 [J]. 管理视角，2008（14）：84－86.

[35] 毕艳杰. 家族上市公司高管薪酬对公司绩效影响的实证分析 [J]. 工业技术经济，2008，178（8）：137－140.

[36] 吴育辉，吴世农. 高管薪酬：激励还是自利？——来自中国上市公司的证据 [J]. 会计研究，2010（11）：40－48.

[37] 刘绍娓，陈超凡. 高管薪酬与公司绩效相关性研究——基于中国上市公司数据的实证分析 [J]. 价格理论与实践，2012（6）：74－76.

[38] 李永周，潘丹. 上市公司高管报酬与企业绩效相关性研究——以钢铁行业为例 [J]. 财会通讯，2012（14）：70－73.

[39] 刘继红. 上市公司高管薪酬与公司业绩关系研究 [J]. 理论观察，2013（4）：75－79.

[40] 李文新，杨凌暄. 上市公司内部控制、公司绩效与高管薪酬相关性研究——基于计算机服务业主板上市公司 2011 年年报数据 [J]. 商业会计，2013（5）：65－67.

[41] 刘绍娓，万大艳．高管薪酬与公司绩效：国有与非国有上市公司的实证比较研究［J］．中国软科学，2013（2）：90—101.

[42] 张瑞君，李小荣，许年行．货币薪酬能激励高管承担风险吗［J］．经济理论与经济管理，2013（8）：84—100.

[43] 柏培文．不同主体收入差距对我国 A 股上市公司绩效影响的研究［J］．国际金融研究，2011（4）：87—96.

[44] 李胜楠，牛建波．董事会独立性价值的再研究——基于对绩效波动影响的分析［J］．财经理论与实践，2009（158）：81—85.

[45] 李琳，刘凤委，卢文彬．基于公司业绩波动性的股权制衡治理效应研究［J］．管理世界，2009（5）：145—151.

[46] 权小锋，吴世农，文芳．管理层权力、私有收益与薪酬操纵［J］．经济研究，2010（11）：73—86.

[47] 李民．上市公司董事年龄异质性与业绩波动实证研究［J］．预测，2012（5）：64—67.

[48] 卢锐．管理层权力、薪酬差距与绩效［J］．南方经济，2007（7）：60—69.

[49] 杜兴强，王丽华．高层管理当局薪酬与上市公司业绩的相关性实证研究［J］．会计研究，2007（1）：58—65.

[50] 柏培文．不同主体收入差距对我国 A 股上市公司绩效影响的研究［J］．国际金融研究，2011（4）：87—96.

[51] 赵睿．高管-员工薪酬差距与企业绩效——基于制造业上市公司面板数据的实证研究［J］．经济管理，2012（5）：96—104.

[52] 李胜楠，牛建波．董事会独立性价值的再研究——基于对绩效波动影响的分析［J］．财经理论与实践，2009（2）：81—85.

第五章　无实际控制人上市公司的社会责任研究

第一节　相关概念的界定

一、社会责任的概念

最早提出社会责任这一概念的是美国学者 Oliver Sheldon。1924 年，他在自己的著作《管理的哲学》一书中第一次提出了"企业社会责任"的概念。他认为，企业社会责任应考虑道德的因素，企业应该把追求自身的利益与满足相关利益群体的需要结合起来。1953 年，美国学者 Howard R. Bowen 出版了《商人的社会责任》一书，将商人的社会责任定义为商人按照社会的目标和价值，向有关政策靠拢、作出相应的决策、采取理想的具体行动的义务。Bowen 的观念极大地推动了社会责任相关研究的发展，拓宽了学术界对社会责任的认识，因此他被称为"企业社会责任之父"。1975 年，Davis 在《经济与社会：环境与责任》一书中将企业的社会责任定义为一种义务，即企业的决策者在追求自身利益的同时，有义务和责任采取措施增进和维护社会整体的利益。这一观点使社会责任的研究向前迈进了一大步，将社会责任的视野由企业微观行为扩展到整个社会。1979 年，Carroll 从多个方面对企业社会责任进行了归纳，认为社会责任是一定时间内社会对企业组织的期望，这一期望包含经济、伦理、慈善和法律等多个方面。在后来的研究中，相关学者普遍认同 Carroll 对企业社会责任的定义。Clarkson（1995）认为，企业社会责任除了要考虑满足社会的期望，还要关心利益相关者的现实需求。同时，他还对企业社会责任履行的程度进行了分级。Burke 和 Logsdon（1996）提出了战略性社会责任的概念，认为企业社会责任应该是在企业长期发展战略指导下展开的社会活动。

　　国内学者对于企业社会责任的研究也进行了有益的探索。陈炳富、周祖诚（1996）从广义和狭义两个层次对企业社会责任进行了界定。他们认为广义的企业社会责任包括法律责任、经济责任、道德责任及其他一些企业应对社会所尽的义务，而狭义的企业社会责任仅包括道德责任。卢代富（2002）将企业社会责任界定为企业在追求股东财富最大化目标之外所负有的义务，即维护和增进整个社会的利益。张帆（2005）从外部性的角度阐释了社会责任的范畴，他把企业的社会责任定性为当企业的私人成本与社会成本背离时需要承担的边际成本。对于企业行为引起的负外部性，不一定要通过政府管制的方式解决，可以考虑通过庇古税等规制方式或要求污染企业支付污染成本等方式解决，从而将外部成本内在化。田虹（2006）将企业的社会责任定义为其利益相关者的满意程度，认为企业的社会责任承担由其利益相关者决定，企业的目标是满足利益相关者的愿望和要求。田昆儒等（2007）的研究从社会学角度分析社会责任内涵，认为企业是一种经济性的存在，更是一种社会性的存在，即社会关系的集合。虽然经济性是企业的主要属性，但其社会性是其承担社会责任的根源，企业除了追求经济效益的提高，还应承担相应的社会责任，注重社会效益的提高。朱慈蕴（2008）从法学角度对企业社会责任进行概括，认为公司的社会责任是指公司应对股东这一利益群体以外的，与公司发生各种联系的其他相关利益群体和政府代表的公共利益负有的一定责任，主要是指对公司债权人、雇员、供应商、用户、消费者、当地居民以及政府代表的税收利益等。

　　综上所述，我们发现，社会责任的内涵随着经济的发展和价值观的变化而不断演变。在经济发展的同时，一些社会问题也逐渐凸显，企业规模的扩大，企业与社会之间的相互影响、相互依赖也越来越复杂，除了最大限度增进股东利益，企业还应最大限度地增进社会利益，承担与企业利益相关的群体的社会责任，包括依法纳税、保证产品质量与安全、维护员工合法权益、捐助社会公益、保护环境等。社会责任的演进过程也表明，社会责任的社会因素重于经济因素，对企业社会责任的研究应将经济因素与非经济因素综合考察。

　　综合已有研究关于企业社会责任的内涵描述，本书将企业社会责任定义为在企业总体战略指导下，通过合法的生产与经营赚取利润，以企业道德和社会服务为导向，履行对利益相关者应尽的企业责任和社会义务。

二、社会责任的内容

　　随着社会责任概念的不断演变，企业社会责任的内容也经历了单一化到多元化发展的过程。早期的社会责任主要表现为企业对社会的捐赠行为，随着企业与社会和环境互动的加强，企业的社会责任逐渐扩展到企业对债权人、员工、顾客以及对自然环境所负有的责任。对于社会责任的内容，理论界并没有一致的意见，影响比较大的主要是以下几个模型。

（一）同心圆模型

1971年，美国经济发展协会出版了《商业组织的社会责任》一书，书中不仅罗列了需要承担社会责任的主体，还阐述了这些主体所需要承担的社会责任的种类。书中提出企业的社会责任主要由内圈责任、中圈责任和外圈责任三个层次组成：内圈责任代表企业最基本的经济职能，即为股东提供回报、为员工提供就业、为顾客提供产品，促进经济发展等；中圈责任是扩展的经济责任，企业的社会责任内容应与社会价值观的变化和重大社会问题相结合，如重视顾客意见、公平对待员工以及环境保护等；外圈责任是企业促进社会进步、改善社会环境的无形责任，如消除贫困等。这一观点被称为"同心圆模型"，如图5-1所示。

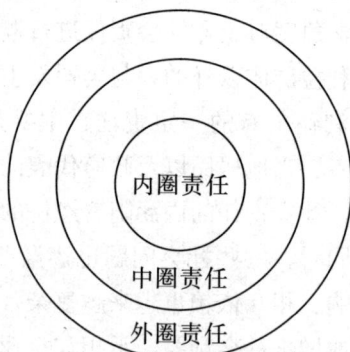

图5-1　企业责任同心圆模型

（二）四层次模型

Carroll（1979）在前人研究基础上提出了一个由企业社会责任观、社会响应观和社会价值观构成的三维模型，并在此基础上将企业的社会责任分为经济责任、道德责任、法律责任和企业自由决定的责任，同时明确了各个责任的定义、重要性以及范围。

（三）金字塔模型

Carroll（1991）在四层次模型的基础上对社会责任内容进行了进一步的界定和完善，将早期四层次模型里的企业自由决定的责任替换为慈善责任，指出企业的社会责任是一个综合的体系，这一体系承载了社会出于不同角度对企业的四种期望，即经济期望、道德期望、法律期望与慈善期望，并在此基础上提出了金字塔模型，如图 5-2 所示。金字塔模型以金字塔结构形象地描述了各层次责任的含义和关系：处于金字塔底部的是经济责任，是企业最基本的经济职能；往上一层是企业的法律责任，主要涉及企业可采取的行为和不能采取的行为的法规界定；再往上是企业的道德责任，指企业的行为不能有违正义与公平，应尽量减少或避免对利益相关者利益的损害；处在金字塔最顶端的是企业的慈善责任，指企业应尽己所能助危扶贫，回馈社会。在这一金字塔结构中，企业的经济责任占最大比例，对企业来说，履行经济责任是其最基本的责任。在此基础上，企业的法律责任、道德责任与慈善责任向上依次递减。

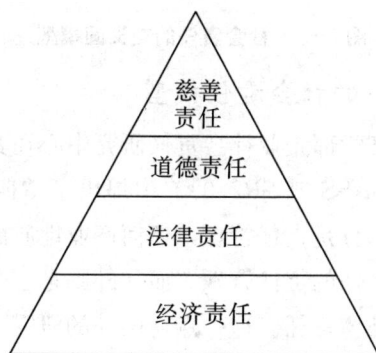

图 5-2　企业社会责任金字塔模型

（四）交叉圆模型

2003 年，Mark Schwartz 在四层次模型基础上提出了交叉圆模型。该模型认为，企业的社会责任由代表经济责任、法律责任、慈善责任、伦理责任的几个圆相互交织而成。各责任之间除了少部分存在不明显的联系，相互之间相对独立。交叉圆模型认为不同层次的社会责任间不分主次，突出其相互包容性，如图 5-3 所示。

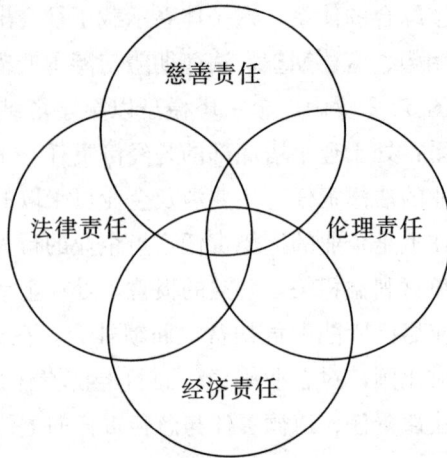

图 5-3　社会责任的交叉圆模型

（五）"四位一体"的社会责任模型

中国社会科学院经济学部企业社会责任研究中心在其发布的《中国企业社会责任报告编写指南（CASS-CSR2.0）》中提出了"四位一体"的社会责任模型。其中中间核心的部分是责任管理，任何产业性质的企业都有一个重视责任沟通、推进企业社会责任的责任管理。而往外则是三个具体的责任，定义为市场责任、社会责任和环境责任。这一点与国外的研究不同，将国外研究中的经济责任改为市场责任，包括客户责任、股东责任和伙伴责任，重点强调消费者权益和产品质量。社会责任部分主要关注劳动者权益保护、企业安全生产及慈善捐赠等问题。环境责任部分主要关注企业节能减排实践。

综上所述，在不同发展时期企业责任的具体内容不尽相同，早期的社会责任只包括经济和法律责任，因为经济责任是企业的自发追求，而法律责任的履行具有强制性，是企业必须遵守的。随着经济的不断发展，企业生产经营过程中的社会问题也不断增加，企业社会责任的内容也不断得到拓展，在经济责任和法律责任的基础上延伸出一系列伦理道德责任，包括慈善责任、生态责任和文化责任等，这一系列延伸的责任也日渐成为企业社会责任的重要内容。而对社会责任的研究与讨论的重点也已经从企业是否履行企业责任转向企业如何履行社会责任以及如何处理不同层次的社会责任的重要程度与矛盾冲突上，这也是很多企业关注的重点和难点，需要做进一步的深入研究。

另外对于社会责任的内容及其具体构成项目目前并没有一个统一的界定，因此在相关实证研究中选取的衡量指标并不一致，从而导致针对这一问题的研究可能得出不同的结论。

三、社会责任的衡量

企业社会责任履行的衡量是开展企业社会责任实证研究的基础性工作，也是理论界和实务界的一大难题。关于企业社会责任的衡量，西方学者主要采用声誉指数法（Reputation Index）、内容分析法（Content Analysis）和专业数据库测量法这三种方法对企业社会责任履行进行衡量。

（一）声誉指数法

这是衡量社会责任最直接简单的方式，即通过业内资深人士的调查研究，根据对企业的一个或多个维度进行评价，以此作为企业社会绩效的部分或全部度量。应用最广泛的两种公司声誉指标分别是 1972 年版的 Moskowitz 指标和 1992 年版的《财富》杂志声誉指标（Wokutch 和 McKinney，1991）。其中，《财富》杂志声誉指标法目前应用更为广泛，该方法采用的是对公司外部知情者，如其他企业的高级管理人员、财务分析专家等进行调查，也是一种知觉测量；被调查者对公司声誉的 8 个维度用 10 分量表逐一评分，最后计算总分。

（二）内容分析法

这种方法主要是通过搜寻公司公开的各类文件如年度报告中披露的企业社会责任信息，然后对信息归类，弄清各类信息的发生金额、在年报中所占的篇幅或字数等，最后用这些量化的社会活动信息作进一步研究。典型的有 Abbott 和 Monsen 根据《财富》500 强年报摘要的内容，按照其是否体现出企业参与社会责任活动的情况来构建的"社会参与度披露（SID）指标"，该指标从环境、机会平等、人力资源、社区活动、产品及其他 6 大方面对企业社会责任的水平进行量化。

（三）基于专业机构数据库的测量

这种方法是指使用企业社会责任行为专业评估机构建立的数据库进行研究。目前全世界有几十家评价企业社会责任的专业机构，向机构投资者、个人投资者、消费者、政府等机构提供企业社会责任的专业评估报告，有些机构还推出了专门的评估指数。其中，最著名的当属美国的 KLD 指数。KLD 是 Kinder, Lydenberg & Domini Co 公司的缩写。该公司专门关注企业社会责任投资咨询，定量评价企业的社会绩效，并向投资者提供这方面的信息。KLD 公司设置了 8 个变量来衡量企业对各利益相关方的责任。前 5 个变量为社区关系、员工关系、环境绩效、产品特征、如何对待妇女和少数民族等，包括劣势领域（Areas of Concern）和优势领域（Areas of Strengths）两方面，评价尺度是－2（非常担忧）到 0（中性）再到＋2（非常出色）。

国内学者对企业社会责任履行衡量的研究起步较晚，但也取得了一定的研究成果。2006 年，北京大学民营经济研究院发布了《中国企业社会责任调查评价体系与标准》，将企业社会责任的主要指标划分为股东权益、员工权益、社会经济、法律责任、诚信经营、公益责任和环境保护 7 个维度。李立清（2006）构建了包含劳工权益、社会责任管理、人权保障、商业道德和社会公益行为 5 个维度的评价指标体系，共包含 13 个子项，下设 38 个三级指标。和讯网（2013）[①] 构建了上市公司企业社会责任专业测评体系，从股东责任、员工责任、供应商与客户和消费者权益责任、环境责任和社会责任 5 个维度对上市公司的企业社会责任履行水平进行评价，该测评体系共包括 13 个二级指标和 37 个三级指标。孙红梅（2014）构建了企业社会责任会计体系，该体系包括经济责任、环境责任、员工责任、社区责任、利益相关者责任和社会公益活动 6 个维度，从会计核算视角对企业社会责任履行进行衡量。

第二节　社会责任的文献回顾

一、社会责任与公司业绩的理论分析回顾

企业社会责任与财务绩效之间的关系问题一直是国内外学者关注的焦点。迄今为止，国内外学者从理论视角进行了深入研究，形成了两种截然不同且对立的观点。

（一）履行社会责任促进公司业绩

以 Freeman（1991）为代表的企业社会责任支持派的学者们认为，企业不仅要实现股东利润最大化，还要兼顾其他利益相关者的利益，企业的最终目标是追求企业价值最大化，企业社会责任履行可以提高企业声誉、市场竞争力和消费者满意度及忠诚度，减少不必要的管制，吸引更多的优秀人才加盟企业，从而提升企业绩效。相关的国外研究主要有 Jones（1995），Sandra（1997），Fisman、Hill 和 Nair（2006），Anis（2011），Marin（2012），Eunise（2014）；国内研究主要有张维迎（2007），林毅夫（2007），茅于轼（2007），

---

① http://stock.hexun.com/2013/gsshzr/index.html.

卞继红（2011），宋煜（2011）和李恒（2014）等。

（二）履行社会责任有损公司业绩

在利益相关者理论出现之前，以 Friedman（1970）为代表的企业社会责任反对派的学者们认为，企业的唯一责任是在一定的法律框架和道德标准下追求利润最大化，企业社会责任履行会增加企业的直接成本和代理成本。利益相关者理论出现后，大量学者认为履行企业社会责任可以促进公司业绩，但是仍有不少学者研究认为，履行社会责任会损害公司业绩，如 Aupperle 和 Carroll（1985）、Navarro（1988）、Barnett（2007）、Bammer 和 Millington（2008）、Karnani（2010）、Leonardo 和 Carlo（2010）、钟瑞庆（2013）等。

二、社会责任与公司业绩的实证分析回顾

关于企业社会责任与公司绩效关系的实证研究，国内外学者积累了丰富的研究成果，但由于学者们所选取的企业社会责任和公司绩效衡量指标不同，所选取的研究区域和研究时间跨度不同，所以并没有得出一致的结论。目前主要有以下几种观点。

（一）企业社会责任与公司绩效呈正相关关系

Bragdon 和 Marlin（1972）开创了企业社会责任与公司绩效关系实证研究的先河。他们研究发现，积极履行社会责任、注重环境保护对公司绩效有正向影响。Moskowitz（1972）基于 14 家社会责任履行较好上市公司的实证研究发现，积极履行社会责任改善了这 14 家上市公司的股票在资本市场的收益率。此后，国外学者们利用更加多样的衡量社会责任水平的方法及不同地区不同行业的企业数据，验证了企业社会责任的履行与公司绩效的正相关关系。主要的研究有 Bowman（1978），Preston 和 Bannon（1997），Robbins（1997），Porter 和 Kramer（2002），Honga、Yangb 和 Rimc（2010），Marcus（2010），Choi 等（2010），Jessica 等（2010），Juanita 等（2011），Chen 和 Wang（2011），Mustafa 等（2012），Kang 和 Liu（2013），Flammer（2013），Wu 和 Shen（2013），Patari 等（2014），Graham（2014），Demetriades 和 Auret（2014），Wang 和 Lu 等（2014），Taghian 等（2014），Saeidi 等（2014），Valmohammadi（2014），David 和 Wang 等（2015），Sun 和 Robert Yu（2015），Benjamas 等（2015），Wang 等（2015），Janamrung 和 Panya（2015）等。国内学者如沈洪涛（2007）、汤月锋（2007）、陈留彬（2007）、徐

光华和张瑞（2007）、田虹（2009）、吴琳芳（2010）、陈德萍（2012）、孙敏和张彦（2012）、张兆国和靳小翠等（2013）、钱瑜（2013）、尹开国和刘小芹等（2014）、肖海林和薛琼（2014）、杨楠（2015）、于洪彦和黄晓治等（2015）、冉戎和王丁等（2016）等，也得出了正相关的结论。

（二）企业社会责任与公司绩效呈负相关关系

Vance（1975）重复了 Moskowitz（1972）的研究，却发现较好的企业社会责任表现并没有改善公司的财务绩效（股价变动率）。Alexander 和 Buchholz（1978）的研究进一步证实了该观点。Hillman 和 Keim（2001）的实证研究也得出了企业社会责任与公司绩效负相关的结论，并进一步指出，企业履行社会责任会增加企业的运营成本，从而表现出较差的财务绩效。Brammer 和 Millington（2006）利用企业股票回报率衡量财务绩效，实证检验结果为企业财务绩效与社会责任存在负相关关系，而且研究发现不同的行业对两者关系具有较大的影响。李正（2006）基于 2003 年我国沪市 521 家上市公司的实证研究发现，企业社会责任信息披露与公司净资产收益率显著负相关。

（三）企业社会责任与公司绩效呈非简单的线性关系

Bowman 和 Haire（1975）基于 1969—1973 年 82 家食品行业公司的实证研究发现，企业社会责任与公司净资产收益率（ROE）呈 U 型关系。McWilliams、Siegel 和 Wright（2006）的研究发现，公司为满足利益相关者的需求而投资于社会责任活动，在市场达到均衡时，公司社会责任投资的收益会对成本有所补偿，企业社会责任与公司绩效呈倒 U 型关系。沈洪涛和杨熠（2008）基于我国沪深两市石化塑胶行业公司 1999—2004 年数据的实证研究发现，企业社会责任信息披露与公司价值呈 U 型关系。温素彬和方苑（2008）的实证研究发现，企业社会责任与短期财务绩效负相关，而与长期财务绩效正相关。李伟（2012）基于 2009 年我国交通运输行业上市公司的实证研究发现，在考虑可持续增长的情况下，企业社会责任与公司财务绩效呈正相关关系，但不显著，而在不考虑可持续增长的情况下，企业社会责任与公司财务绩效却呈现负相关关系。刘想和刘银国（2014）基于 2008—2013 年我国沪深两市 A 股上市公司的实证研究发现，企业社会责任信息披露与当期企业价值负相关，但与滞后期的企业价值正相关，于晓红和武文静（2014）基于 2007—2011 年沪深两市 A 股公司的研究也得出了相同的结论。

（四）企业社会责任与公司绩效不相关

Folger 和 Nurt（1975）的研究发现，企业社会责任与公司股价变动率无明显相关关系。Cowen、Ferreri 和 Parker（1987）以 134 家美国公司的年度报告为样本，研究发现企业社会责任与公司盈利能力不相关。David 和 Markus（1996）基于新西兰 47 家上市公司的实证研究发现，企业社会责任与其盈利能力无相关关系。Aras、Aybars 和 Kutlu（2010）基于新兴市场国家公司 2005—2007 年数据的实证研究发现，企业社会责任与公司绩效无相关关系。杨伯坚（2012）基于我国上市公司的实证研究发现，公司社会责任履行并没有提升公司业绩。他进一步指出，只有公司社会责任履行与公司治理和公司战略结合起来才能提升公司绩效。Belu 和 Manescu（2013）基于国际主要证券交易所上市公司的研究发现，战略性企业社会责任与公司绩效关系不显著。

第三节　无实际控制人上市公司社会责任现状分析

当下我国经济正处于新常态时期，为了进一步深化改革，推行供给侧结构调整，企业社会责任的重要性日益凸显，社会公众与政府部门对企业社会责任履行的期望与要求也越来越高。本书使用润灵环球责任评级（www. rksratings. cn）所提供的关于我国 A 股上市公司社会责任评级的数据作为初始样本。润灵环球是中国企业社会责任权威第三方评级机构，自 2009 年开始对我国 A 股上市公司的企业社会责任报告进行专业打分评级，并提供相应数据。在该数据基础上，本书参照中国证监会 2012 年颁布的《上市公司行业分类指引》的行业分类标准确定各行业的无实际控制人上市公司，筛选出已披露社会责任评级报告的无实际控制人上市公司进行分析，以期对无实际控制人上市公司的社会责任情况有一个整体的认知和了解。

一、无实际控制人上市公司社会责任报告的情况

从图 5-4 可以看出，随着我国无实际控制人上市公司的数量增加，报告社会责任履行情况的无实际控制人上市公司逐年增加。另外，从图 5-5 可以看出，2014 年、2015 年和 2017 年，自愿公布社会责任报告的上市公司数量的增长均高于应规公布社会责任报告的上市公司数量的增长。这说明，越来越多的无实际控制人上市公司在自发地践行社会责任并披露社会责任信息。

图 5-4　2009—2017 年我国无实际控制人上市公司公布社会责任报告的情况

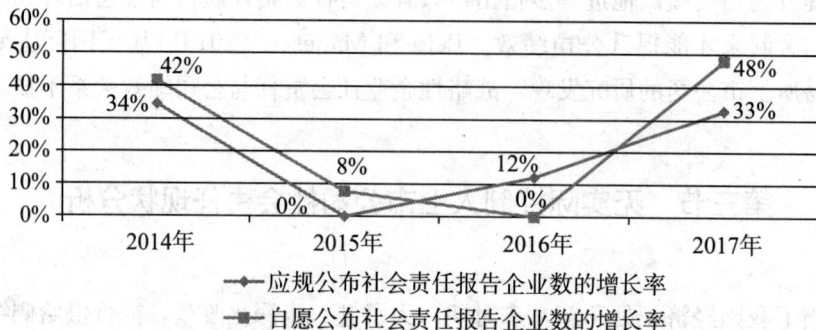

图 5-5　2014—2017 年我国无实际控制人上市公司社会责任报告数量的变化情况

二、无实际控制人上市公司社会责任履行的情况

本书采用润灵全球责任评级的数据进行无实际控制人上市公司社会责任履行情况的分析。润灵全球责任采用 MCT 社会责任报告评级体系来综合测量企业社会责任履行水平。该体系从 Macrocosm－整体性、Content－内容性、Technique－技术性、Industry－行业性四大零级指标出发，设置了包括"战略""利益相关方""劳工与人权""公平运营"等 15 个一级指标，63 个二级指标对报告进行全面评价。MCT 评分采用结构化专家打分法，满分为 100 分，其中整体性评价 M 值权重为 30%，内容性评价 C 值权重为 45%，技术性评价 T 值权重为 15%，行业性评价 I 值权重为 10%。根据不同分值的终端采分点，汇总计算加权后，最终得到特定企业的社会责任评级分数。

图 5-6 展示了 2009—2017 年我国无实际控制人上市公司社会责任履行的总体情况，每年的平均评分分别为 41.69、43.09、50.92、45.75、45.11、51.23、48.64、50.51、52.80，整体情况良好。图 5-7 展示了 M、C、I、T 这四项指标分别的评分情况，每项指标的分数在 2010—2017 年间相对较好，并处于较为稳定的状态。这说明我国无实际控制人上市公司的社会责任履行情况良好。

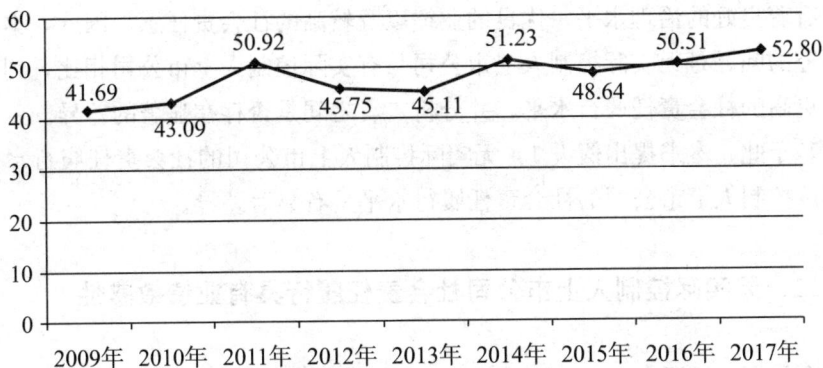

图 5－6　2009—2017 年我国无实际控制人上市公司社会责任履行的总体情况

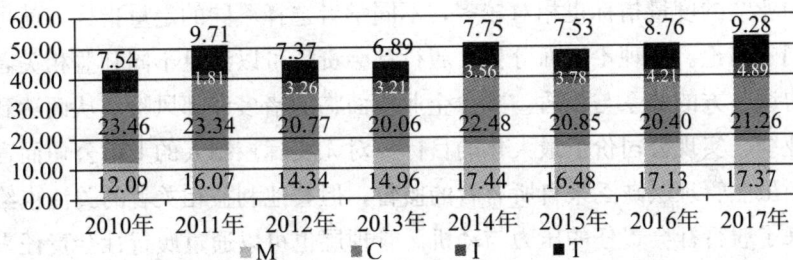

图 5－7　2010—2017 年我国无实际控制人上市公司社会责任履行的明细情况

第四节　无实际控制人上市公司的社会责任履行假设提出

一、无实际控制人与有实际控制人上市公司的社会责任履行有显著差异

就现有研究而言，关于社会责任的各方面研究多集中于重点行业，如高污染行业、环保行业等，其余的均以所有行业为研究对象。虽然有部分研究考虑了控制权的性质对企业社会责任履行的影响，但几乎没有研究以无控制人作为划分研究对象的标准来考虑无实际控制人公司的社会责任履行情况。由于无实际控制人公司的股权分散，股东对公司的影响较弱，管理层话语权强大，使得公司存在对代理人依赖程度高、公司治理不完善的特点。公司资源配置的权力通常被管理层掌握，由于信息不对称和不确定性因素，管理层往往缺乏有效的监督与制约，使得无实际控制人公司在履行社会责任时缺乏内在动力。但由于不同行业以及不同企业本身有着较大的差别，不少大名鼎鼎的无实际控制人

公司有着良好的治理水平、优良的业绩以及较高的社会责任感。因此，本书首先研究的问题是无实际控制人上市公司与有实际控制人上市公司相比，到底谁具有更高的社会责任履行水平，并分析二者之间是否存在显著的差异。

基于此，本书提出假设 1：无实际控制人上市公司的社会责任履行水平与有实际控制人上市公司的社会责任履行水平具有显著差异。

二、无实际控制人上市公司社会责任履行具有业绩敏感性

多年来，不同学者在企业社会责任与公司业绩之间关系的问题上，得出了众多完全不同的结论。这可能是由于企业社会责任的量化本身就存在争议，并且公司业绩的度量指标也相对较多，不同学者选择不同的定量指标，就可能得出不同的结论。从理论层面分析，履行社会责任可以满足不同利益相关者的利益，协调各方的关系与矛盾，减少企业所面临的诸多外部风险，从而达到提高公司业绩，实现公司价值最大化的目标。对无实际控制人的上市公司而言也是如此。虽然管理层缺乏来自所有者的监督，但其他利益相关者的关注也给管理层带来了履行社会责任的压力与动机。管理层也可以通过履行社会责任来树立自身的良好形象与口碑，提高企业声誉、市场竞争力和消费者满意度，从而提升企业业绩。因此，本书认为，无实际控制人上市公司社会责任履行具有业绩敏感性，即履行社会责任能带来更高的业绩回报。

基于此，本书提出假设 2：无实际控制人上市公司的社会责任履行水平越高，公司业绩越好。

第五节　无实际控制人上市公司的社会责任履行的实证研究设计

一、样本选取与数据来源

本书的财务数据部分来源于 CSMAR 数据库，选取我国 A 股上市公司中无实际控制人公司的 2009—2017 年财务数据为初始样本，参照中国证监会2012 年颁布的《上市公司行业分类指引》的行业分类标准确定各行业的无实际控制人上市公司。本书的社会责任数据部分来源于润灵环球责任评级，选取我国 A 股上市公司中无实际控制人公司的 2009—2017 年社会责任评级的数据作为初始样本。本书在筛选样本的过程中，去掉了被冠以 ST 或 *ST 公司的无

实际控制人上市公司的样本数据以确保数据的有效性。去掉了数据缺失和存在明显异常情况进而会导致数据过度不合理的无实际控制人上市公司的样本数据，以确保得到的数据连贯、可比较。剔除金融行业公司样本我们可以发现金融行业无实际控制人上市公司具有其独特性，与其他行业的无实际控制人上市公司的财务数据存在显著差异，直接将某些所需指标在金融行业与非金融行业之间对比是不可靠、不合理的，因此我们去掉了金融行业。筛选、整理完毕数据后总共得到了 5291 个有社会责任评级数据的样本，其中无实际控制人样本307 个。本书使用 SPSS 22.0 进行数据分析。

二、变量设计

（一）被解释变量

本书基于利益相关者理论，借鉴贾兴平和刘益（2014）、王清刚和徐欣宇（2016）、唐鹏程和杨树旺（2016）关于企业社会责任履行衡量的做法，采用润灵环球责任评级的 MCT 社会责任报告评级体系来综合评价企业社会责任履行水平，在模型构建中用 CSR 表示。

（二）解释变量

公司业绩是公司在一定时期内利用其有限资源从事经营活动所取得的成果，是管理层工作效率的主要体现，综合反映了公司经营的成效。公司业绩评价是对公司在一定经营期间的经营绩效作出客观、公正和准确的综合评判。公司业绩评价的方法较多，比较有代表性的有以衡量公司财务信息为基础的杜邦财务分析评价体系（The Du Pont System）、评价企业经济利润的经济增加值评价方法（Economic Value Added）、全面衡量公司业绩的平衡计分卡（Balanced Score Card）方法以及单一财务指标评价方法，如托宾 Q、资产收益率、净资产收益率和主营业务利润率等。不同的公司业绩评价方法，侧重点不同，各有其优点和缺点。

本书借鉴主流研究的做法，选取单一财务指标如净资产收益率（ROE）、总资产收益率（ROA）、托宾 Q 等作为公司业绩的代理变量。

（三）控制变量

1. 现金持有量

现金持有水平不仅关系到企业的日常交易和经营活动，还与企业的投资、融资、股利分配等财务管理活动密切相关。本书以货币资金占总资产的比重来衡量企业的现金持有水平，在模型中用 Cash 来表示。

2. 公司规模

本书选取企业总资产作为衡量企业规模大小的指标。但同样为了防止数据之间差距过大的情况，本书对无实际控制人上市公司总资产进行取对数处理，在构建的模型中用 Size 表示。

3. 财务杠杆

财务杠杆作为体现公司负债水平的综合指标，不仅能够衡量样本公司利用债权人提供资金进行经营活动的能力，也能够体现出债权人发放贷款的安全程度。本书以资产负债率作为公司财务杠杆高低的衡量指标，在模型中以 Leverage 来表示。

4. 公司治理水平

公司治理机制决定着企业的决策能力、风险承担能力、盈利能力以及融资成本，是企业竞争力最重要的组成部分。本书以独立董事规模作为公司治理水平的代理变量，在模型中以 Govern 表示。

5. 公司成长性

营业收入增长率体现着公司经营状况的好坏，同时也能够在一定程度上对公司经营业务的发展方向起到预测作用，体现公司市场竞争力的强弱。因此，本书以营业收入增长率作为公司成长能力的判断标准，在模型中以 Growth 表示。

本书各类变量的解释说明如表 5-1 所示。

表 5-1 变量定义说明表

变量类型	变量名称	变量符号	变量解释
被解释变量	社会责任履行	CSR	润灵环球责任评级的打分结果
解释变量	净资产收益率	ROE	净利润/净资产
控制变量	现金持有量	Cash	货币资金/资产总额
	公司规模	Size	总资产的对数
	财务杠杆	Leverage	资产负债率
	公司治理水平	Govern	独立董事人数/董事会总人数
	公司成长性	Growth	（本期营业收入－上期营业收入）/上期营业收入

三、模型构建

（一）无实际控制人与有实际控制人上市公司社会责任履行比较模型

为了检验本章的假设 1，建立检验假设如下：

H_0：$\mu = \mu_0$（无实际控制人与有实际控制人上市公司的社会责任履行水平不存在显著差异）

H_1：$\mu \neq \mu_0$（无实际控制人与有实际控制人上市公司的社会责任履行水平存在显著差异）

其中：H_0 为零假设，H_1 为备择假设。

在本书中，无实际控制人公司的样本与有实际控制人公司的样本彼此独立，没有配对关系，且两个样本均来自正态总体，因此本书采用独立样本的 t 检验来分析两类公司社会责任履行水平的差异程度。

（二）无实际控制人上市公司社会责任履行的业绩敏感性模型

为了检验本书的假设 2，建立如下模型：

$$\text{ROE}_{i,t} = \beta_0 + \beta_1 \text{CSR}_{i,t} + \beta_2 \sum \text{Control} + \varepsilon_{i,t}$$

该模型中，$\text{ROE}_{i,t}$ 是衡量无实际控制人上市公司公司业绩的指标，表示第 i 家公司第 t 年的净资产收益率；β_0 为截距，β_1 和 β_2 为回归系数，其中 β_1 表示无实际控制人上市公司社会责任履行水平对公司业绩的敏感程度。β_1 的值显著为正时，无实际控制人上市公司社会责任履行的业绩敏感度高；反之为负时，社会责任履行程度越高，公司业绩反而越差。

第六节　无实际控制人上市公司的社会责任履行的实证研究结果

一、无实际控制人与有实际控制人上市公司社会责任履行比较的研究结果分析

（一）描述性统计

表 5-2 所示为无实际控制人与有实际控制人上市公司不同年份的社会责任履行情况的描述性统计结果。由结果可知，2009—2017 年，无实际控制人

上市公司社会责任履行水平的均值分别为 41.69、43.10、50.92、45.75、45.11、51.14、48.64、50.41、52.73；而相对应地，有实际控制人上市公司的社会责任履行水平的均值分别为 29.30、32.20、34.26、36.80、38.69、39.81、42.16、41.94、42.28。总的来说，无实际控制人上市公司的社会责任履行水平要高于有实际控制人上市公司，但二者之间有无显著性差异，还需要进一步验证。

表 5－2　无实际控制人与有实际控制人上市公司社会责任履行的描述性统计

年份	公司类型	样本数量	均值	标准差	均值的标准误
2009	无实际控制人	13	41.6931	16.89485	4.68579
	有实际控制人	300	29.3016	9.43495	0.54473
2010	无实际控制人	20	43.1025	17.70065	3.95799
	有实际控制人	450	32.1978	11.70760	0.55190
2011	无实际控制人	22	50.9200	19.15321	4.08348
	有实际控制人	494	34.2553	13.20260	0.59401
2012	无实际控制人	17	45.7457	18.75333	4.54835
	有实际控制人	565	36.7979	13.16321	0.55378
2013	无实际控制人	26	45.1142	14.97930	2.93768
	有实际控制人	617	38.6930	12.13994	0.48874
2014	无实际控制人	41	51.1443	16.82233	2.62721
	有实际控制人	639	39.8122	11.56416	0.45747
2015	无实际控制人	42	48.6370	15.06970	2.32531
	有实际控制人	664	42.1582	11.91281	0.46231
2016	无实际控制人	46	50.4145	15.68011	2.31191
	有实际控制人	700	41.9417	11.75235	0.44420
2017	无实际控制人	74	52.7303	15.78633	1.83512
	有实际控制人	720	42.2809	11.35223	0.42307

（二）独立样本 t 检验

根据上述研究数据，本书假设无实际控制人上市公司与有实际控制人上市公司的社会责任履行水平之间存在显著性差异，并对样本数据进行 t 检验，得出的检验结果如表5-3所示。

表5-3　无实际控制人与有实际控制人上市公司社会责任履行的独立样本检验

年份		方差方程的Levene检验		均值方程的 t 检验					差分的95%置信区间	
		F	Sig.	t	df	Sig双尾	均值差值	标准误差	下限	上限
2009	假设方差相等	19.118	0.000	4.450	311	0.000	12.39144	2.78434	6.91292	17.86997
	假设方差不相等			2.627	12.326	0.022	12.39144	4.71735	2.14334	22.63955
2010	假设方差相等	11.952	0.001	3.973	468	0.000	10.90468	2.74439	5.51183	16.29752
	假设方差不相等			2.729	19.746	0.013	10.90468	3.99628	2.56170	19.24766
2011	假设方差相等	12.264	0.001	5.666	514	0.000	16.66474	2.94099	10.88689	22.44259
	假设方差不相等			4.039	21.898	0.001	16.66474	4.12646	8.10467	25.22480
2012	假设方差相等	19.118	0.000	4.450	311	0.000	12.39144	2.78434	6.91292	17.86997
	假设方差不相等			2.627	12.326	0.022	12.39144	4.71735	2.14334	22.63955
2013	假设方差相等	2.292	0.131	2.615	641	0.009	6.42119	2.45512	1.60014	11.24225
	假设方差不相等			2.156	26.402	0.040	6.42119	2.97806	0.30424	12.53814

续表5-3

年份		方差方程的 Levene 检验		均值方程的 t 检验						
		F	Sig.	t	df	Sig 双尾	均值差值	标准 误差	差分的95% 置信区间	
									下限	上限
2014	假设方 差相等	17.936	0.000	5.892	678	0.000	11.33206	1.92342	7.55548	15.10863
	假设方 差不相等			4.249	42.460	0.000	11.33206	2.66674	5.95209	16.71203
2015	假设方 差相等	4.662	0.031	3.360	704	0.001	6.47883	1.92828	2.69297	10.26469
	假设方 差不相等			2.733	44.301	0.009	6.47883	2.37082	1.70168	11.25598
2016	假设方 差相等	10.469	0.001	4.629	744	0.000	8.47280	1.83053	4.87918	12.06643
	假设方 差不相等			3.599	48.379	0.001	8.47280	2.35419	3.74034	13.20526
2017	假设方 差相等	23.451	0.000	7.235	792.000	0.000	10.44940	1.44423	7.61443	13.28438
	假设方 差不相等			5.549	80.943	0.000	10.44940	1.88326	6.70227	14.19654

从输出结果可以看出，2009年的 F 值为19.118，p 值为0.000，在0.05的水平上显著，因此拒绝方差相等的假设，可以认为2009年的无实际控制人上市公司与有实际控制人上市公司的社会责任履行水平的方差有显著差异。因此分析第二行方差不相等时 t 检验的结果，$t=2.627$，p 值为0.022，在0.05的水平上显著，拒绝 t 检验的 H_0 假设，接受 H_1 假设，即无实际控制人与有实际控制人上市公司的社会责任履行水平存在显著差异。同样可知，2010年、2011年、2012年、2014年、2015年、2016年和2017年无实际控制人与有实际控制人上市公司的社会责任履行水平存在显著差异。除上述年份外，2013年的 F 值为2.292，p 值为0.131，在0.05的水平上不显著，因此不能拒绝方差相等的假设，可以认为2013年的无实际控制人上市公司与有实际控制人上市公司的社会责任履行水平的方差无显著差异。因此分析第一行方差相等时 t 检验的结果，$t=2.615$，p 值为0.009，在0.05的水平上显著，拒绝 t 检验

的H_0假设，接受H_1假设，即无实际控制人与有实际控制人上市公司的社会责任履行水平存在显著差异。总的来说，各年的无实际控制人与有实际控制人上市公司的社会责任履行水平均存在显著差异。

二、无实际控制人上市公司社会责任履行影响公司业绩的研究结果分析

（一）描述性统计

表5-4所示为主要变量的描述性统计。从表中可知，净资产收益率（ROE）的均值为0.0900，最大值为0.2590，最小值为-2.0517，标准差为0.1790，说明不同公司的业绩水平差异较大。社会责任履行水平（CSR）的均值为49.290，最大值为89.000，最小值为16.000，社会责任履行程度较好。现金持有量（Cash）的均值为0.149000，最大值为0.730000，最小值为0.009953；公司规模（Size）的均值为24.96450，最大值为30.89000，最小值为19.36000；财务杠杆（Leverage）的均值为0.6389350，最大值为0.9659000，最小值为0.0389000。公司治理（Govern）的均值为0.15960，最大值为0.60000，最小值为0.20000；虽然我国证监会规定的上市公司董事会中应当至少包括三分之一独立董事，但还是有部分企业的独立董事并没有达到这个比例。公司成长性（Growth）的均值为0.3300，最大值为12.0000，最小值为-1.3527，标准差为1.0930，表明不同公司的成长性差异较大。

表5-4　描述性统计

变量名称	样本量	最小值	最大值	均值	标准差
ROE	307	-2.0517	0.2590	0.0900	0.1790
CSR	307	16.000	89.000	49.290	16.486
Cash	307	0.009953	0.730000	0.149000	0.146280
Size	307	19.36000	30.89000	24.96450	2.68072
Leverage	307	0.0389000	0.9659000	0.6389350	0.2517852
Govern	307	0.20000	0.60000	0.15960	0.18513
Growth	307	-1.3527	12.0000	0.3300	1.0930

（二）相关性分析

表5-5所示为主要变量的相关性分析结果。社会责任履行水平（CSR）、公司规模（Size）、财务杠杆（Leverage）、公司成长性（Growth）与公司业绩（ROE）呈现显著正相关，表明企业的社会责任履行水平越高，公司业绩越

好，初步验证了本章的假设2。现金持有量（Cash）与公司业绩（ROE）呈现显著负相关，可能是由于现金持有过多，导致投资效率降低，影响了公司的业绩。公司治理（Govern）与公司业绩（ROE）的关系不显著，需要通过回归进一步分析。

表5-5　皮尔森相关系数

	ROE	CSR	Cash	Size	Leverage	Govern	Growth
ROE	1.000						
	.						
CSR	0.344**	1.000					
	0.000	.					
Cash	−0.407**	−0.421**	1.000				
	0.000	0.000	.				
Size	0.511**	0.653**	−0.548**	1.000			
	0.000	0.000	0.000	.			
Leverage	0.484**	0.565**	−0.589**	0.894**	1.000		
	0.000	0.000	0.000	0.000	.		
Govern	0.077	−0.201**	0.156**	−0.012	0.032	1.000	
	0.186	0.001	0.007	0.842	0.583	.	
Growth	0.228**	0.340**	0.412**	−0.387**	−0.344**	0.130	1.000
	0.002	0.000	0.000	0.000	0.000	0.080	.

注：** 表示在0.01水平上（双侧）显著相关，* 表示在0.05水平上（双侧）显著相关。

（三）多元回归分析

表5-6~5-8所示为无实际控制人上市公司社会责任与公司业绩的回归结果。从表中可见，模型的拟合优度为0.457，表明此模型对于无实际控制人上市公司社会责任履行对业绩的敏感性的解释程度为45.7%。模型的 F 值为7.513，其显著性水平为0.000，这说明模型的整体显著性较高。社会责任履行（CSR）的回归系数的 t 值为3.686，显著性水平为0.000，这对于无实际控制人上市公司社会责任履行水平随业绩的变动而变动具有良好的说服力。这说明，虽然无实际控制人上市公司在履行社会责任时较少面对来自股东的动因或压力，但基于满足其他利益相关者利益的要求，管理层仍然致力于履行社会责任，并由此得到了公司绩效的提升。

表 5-6　回归方程拟合情况的描述

模型	R	R^2	调整后 R^2	标准估计的误差
1	0.457[a]	0.209	0.181	0.206
a. 预测值：（常数），Growth，Leverage，Govern，CSR，Cash，Size				

表 5-7　回归模型的显著性检验结果

模型[a]		平方和	df	均方	F	Sig.
1	回归	1.912	6	0.319	7.513	0.000[b]
	残差	7.252	171	0.042		
	总计	9.164	177			
a. 因变量：ROE						
b. 预测值：（常数），Growth，Leverage，Govern，CSR，Cash，Size						

表 5-8　回归系数及其显著性检验结果

模型[a]		非标准化系数		标准系数	t	Sig.
		B	标准误差	Beta		
1	（常数）	−1.315	0.234		−5.609	0.000
	CSR	0.002	0.001	0.178	3.686	0.000
	Cash	−0.363	0.147	−0.224	−2.471	0.014
	Size	0.081	0.014	1.091	6.016	0.000
	Leverage	0.756	0.140	0.917	5.392	0.000
	Govern	−0.045	0.089	−0.036	−0.510	0.611
	Growth	0.002	0.015	0.008	0.108	0.914
a. 因变量：ROE						

（四）稳健性检验

为验证研究结果的稳健性，确保研究结论的可靠，本书进行了以下检验：

（1）将公司业绩的代理变量替换为总资产收益率（ROA）和托宾 Q 值，重新回归，结果显示企业社会责任履行与公司业绩之间的关系没有发生实质性变化。

（2）将企业成长性（Growth）用营业利润增长率＝（上期营业利润－本

期营业利润）/本期营业利润公式重新回归，结果显示企业社会责任履行与公司业绩之间的关系没有发生实质性变化。

第七节　结论与建议

本章基于利益相关者理论、资源依赖理论和不完全契约理论，以我国2009—2017年A股上市公司为研究对象，通过假设检验与模型构建研究了无实际控制人上市公司社会责任履行的情况，以及社会责任履行对公司业绩的影响。具体结论如下：

通过无实际控制人与实际控制人上市公司社会责任履行情况的对比，本书发现二者之间具有显著差异，无实际控制人上市公司的社会责任履行水平显著高于实际控制人上市公司。在此基础上，本书研究了无实际控制人上市公司社会责任履行的业绩敏感性，发现社会责任履行水平越高，公司业绩越好。这证实了利益相关者理论对社会责任履行动因及效应的解释。

本书得出了履行社会责任能促进公司绩效提高的结果，基于此，为了完善我国企业社会责任，提出以下建议：

首先，发挥政府规则制定和监督实施的作用。政府在企业社会责任发展和实施过程当中，应当充分发挥利益相关者博弈的规则制定者和监督公平博弈的作用，而不是偏袒一方而使另外一方利益受损，从而导致企业社会责任的弱化或流于形式。

其次，建立完善的企业社会责任自律机制。企业社会责任的推进不能仅仅依靠政府的推动，企业社会责任最后还是要落实到企业自身的实施，因此，应该从企业自身入手，建立完善的企业社会责任自律机制，从企业内部入手约束企业行动，使其符合企业社会责任规范。

最后，建立完善的企业社会责任评估机制。我国当前缺乏完善有效的企业社会责任评估机制，仅有少数机构致力于评估社会责任履行的水平，因此致使企业对其社会责任表现的关心度不够。因此，应该推动企业建立社会责任会计制度，鼓励不同机构推行社会责任评级工作，完善企业社会责任信息披露机制。

参考文献

［1］ Alexander G J，Buchhol R Z. A Corporate Social Responsibility and Stock Market ［J］. Performance Academy of Management Journal，1978，21 （9）：479.

［2］ Ansoff I. Corporate Strategy ［M］. New York：McGraw－Hill，1965.

［3］ Aras G，Aybars M，Kutlu O. Managing Corporate Performance：Investi gating the Relationship between Corporate Social Responsibility and Financial Performance in Emerging Markets ［J］. International Journal of Productivity and Performance Management，2010，59 （3）：229－254.

［4］ Carroll A B. The Pyramid of Corporate Social Responsibility：Toward the Moral　Management of Organizational Stake － holders ［J］. Businee Horizons，1991，7 （8）：39－48.

［5］ Berle A A. Corporate Powers as Powers in Trust ［J］. Harvard Law Review，1931，44 （7）：1049－1074.

［6］ Belu C，Manescu C. Strategic Corporate Social Responsibility and Economic Performance ［J］. Applied Economics，2013，45 （19）：2751－2764.

［7］ Berle A，Means G. The Modern Corporation and Private Property ［J］. Economic Journal，1932，80 （317）：120－122.

［8］ Bowman E H，Haire M. A Strategic Posture Toward Corporate Social Responsibility ［J］. California Management Review，1975，18 （2）：49－58.

［9］ Brammer S，Millington A. Firm Size，Organizational Visibility and Corporate Philanthropy：An Empirical Analysis ［J］. Business Ethics：A European Review，2006 （15）：48－60.

［10］ Burke L，Logsdon J M. How Corporate Social Responsibility Pays Off ［J］. Long Range Planning，1996 （4）：495－502.

［11］ Carroll A B. A Three － dimensional Conceptual Model of Corporate Performance ［J］，Academy of Management Review，1979，4 （4）：497－505.

［12］Carroll A B. Pyramid of Corporate Social ResponsibilityToward the Model of Management Organizational Stakeholders ［J］. Business Horizons, 1991, 34 (4): 39—48.

［13］Claessens S, Djankov S, Fan J, et al. Disentangling the Incentive and Entrenchment Effects of Large Shareholdings ［J］. Journal of Finance, 2002, 57 (6): 2741—2772.

［14］Clarkson M E. A Stakeholder Framework for Analyzing and Evaluating Corporate Social Performance ［J］. Academy of Management Review, 1995, 2 (1): 92—117.

［15］Cowen S S, Ferreri L B, Parker L D. The Impact of Corporate Characteristics on Social Responsibility Disclosure: A Typology and Frequency — Based Analysis ［J］. Accounting, Organizations and Society, 1987, 12 (2): 111—122.

［16］David H, Markus J, Milne. Some Determinants of Social and Environmental Disclosures in NewZealand Companies ［J］. Accounting, Auditing & Accountability Journal, 1996, 9 (1): 77—108.

［17］David W, Maria S. Including the Stakeholders: The Business Case ［J］. Lang Range Planning, 1998, 31 (2): 201—210.

［18］Folger H, Nurt, F. A Note on Social Responsibility and Stock Valuation ［J］. Academy of Management Journal, 1975 (18): 155—159.

［19］Freeman R E, Liedtka J. Corporate Social Responsibility: A Critical Approach ［J］. Business Horizons, 1991, 34 (4): 92—98.

［20］Friedman M F. The Social Responsibility of Business Is To Increase Its Profits ［J］. The New York Times Magazine, 1970 (33): 122—126.

［21］Goodpaster K E. Business Ethics and Stakeholder Analysis ［J］. Business Ethics Quarterly, 1991, 1 (1): 53—73.

［22］Hillman A J, Keim G D. Shareholder Value, Stakeholder Management, and Social Issues: What's The Bottom Line? ［J］. Strategic Management Journal, 2001, 22 (2): 125—139.

［23］Coleman J S. Social Capital in the Creation of Human Capital ［J］. American Journal of Sociology, 1988, 94: 95—120.

［24］Du J, Dai Y. Ultimate Corporate Ownership Structures and Capital

Structures: Evidence from East Asian economies [J]. Corporate Governance An International Review, 2010, 13 (1): 60−71.

[25] Porta R L, Lopez−De−Silanes F, Shleifer A. Corporate Ownership Around the World. Journal of Finance, 1999 (54): 471−517.

[26] Manuel C B, Lúcia L R. Social Responsibility Disclosure−A study of Proxies for the Public Visibility of Portuguese Banks [J]. The British Accounting Review, 2008, 40 (2): 161−181.

[27] McWilliams A, Siegel D S, Wright P M. Corporate Social Responsibility: Strategic Implications [J]. Journal of Management Studies, 2006 (1): 1−18.

[28] Pfeffer J, Salancik G R. The External Control of Organizations-A Resource Dependence Perspective [M]. New York: Howper&Row, 1978.

[29] Pfeffer J, Salancik G R. The External Control of Organizations: A Resource Dependence Perspective [J]. Social Science Electronic Publishing, 2003, 23 (2): 123−133.

[30] Sacconi F, Carlo A D, Lugli P, et al. Spontaneous and Piezoelectric Polarization Effects on the Output Characteristics of AlGaN/GaN Heterojunction Modulation Doped FETs [J]. IEEE Transactions on Electron Devices, 2001, 48 (3): 450−457.

[31] Vance. Are Socially Responsible Firms Good Investment Risks? [J]. Management Review, 1975, 64: 1−20.

[32] 陈炳富, 周祖诚, 企业伦理与企业经济效益的关系 [J]. 国际经贸研究, 1996 (2): 45−49.

[33] 陈宏辉, 贾生华. 企业社会责任观的演进与发展: 基于综合性社会契约的理解 [J]. 中国工业经济, 2003 (12): 81−88.

[34] 李立清, 李燕凌. 企业社会责任研究 [M], 北京: 人民出版社, 2005.

[35] 李立清. 企业社会责任的评价理论与实证研究: 以湖南省为例 [J]. 南方经济 2006 (1): 36−40.

[36] 李伟. 企业社会责任与财务绩效关系研究——基于交通运输行业上市公司的数据分析 [J]. 财经问题研究, 2012 (4): 89−94.

[37] 李正. 企业社会责任与企业价值的相关性研究——来自沪市上市公司的经验证据 [J]. 中国工业经济, 2006 (2): 78−83.

[38] 李志斌. 内部控制、实际控制人性质与社会责任履行——来自中国上市

公司的经验证据 [J]. 经济经纬，2014，31（5）：109-114.

[39] 厉以宁. 企业的社会责任 [J]. 中国流通经济，2005（7）：6-7.

[40] 刘计含，王建琼. 企业社会责任与资本约束——来自中国上市公司的证据 [J]. 管理评论，2012，24（11）：151-156.

[41] 刘想，刘银国. 社会责任信息披露与企业价值关系研究——基于公司治理视角的考察 [J]. 经济学动态，2014（11）：89-97.

[42] 刘玉龙，任国良，文春晖. "虚""实"终极控制、金字塔组织演化与大股东掏空 [J]. 中国经济问题，2014（3）：40-49.

[43] 马力，齐善鸿. 公司社会责任理论述评 [J]. 经济社会体制比较，2005（2）：139-142+138.

[44] 沈弋，徐光华. 企业社会责任及其"前因后果"——基于结构演化逻辑的述评 [J]. 贵州财经大学学报，2017（1）：101-110.

[45] 沈洪涛，杨熠. 公司社会责任信息披露的价值相关性研究——来自上市公司的经验证据 [J]. 当代财经，2008（3）：103-107.

[46] 孙红梅，等. 企业社会责任会计体系构建研究 [M]. 上海：上海财经大学出版社，2014.

[47] 田虹. 企业社会责任及其推进机制 [M]. 北京：经济管理出版社，2006.

[48] 田虹. 从利益相关者视角看企业社会责任 [J]. 管理现代化，2006（10）：22-25.

[49] 田昆儒，康剑青，宋东亮，中国社会责任会计问题研究综述 [J]. 会计之友，2007（12）：4-7.

[50] 田祖海. 美国现代企业社会责任理论的形成与发展 [J]. 武汉理工大学学报（社会科学版），2005（3）：346-350.

[51] 万寿义，刘正阳. 制度背景、公司价值与社会责任成本——来自沪深300指数上市公司的经验证据 [J]. 南开管理评论，2013（16）：83-91.

[52] 温素彬，方苑. 企业社会责任与财务绩效关系的实证研究 [J]. 中国工业经济，2008（10）：150-160.

[53] 夏楸，温素彬，郑建明. 多元资本共生视角下企业社会责任与财务绩效研究 [J]. 科学决策，2014（10）：1-17.

[54] 肖红军，许英杰. 企业社会责任评价模式的反思与重构 [J]. 经济管理，2014（9）：67-78.

[55] 徐二明，衣凤鹏. 企业社会责任与财务绩效——市场发展与政府所有权

的调节作用 [J]. 中国流通经济，2013（11）：90-95.

[56] 徐二明，衣凤鹏. 中国上市公司企业社会责任与财务绩效关系——行业竞争的调节作用 [J]. 辽宁大学学报（哲学社会科学版），2014（1）：91-98.

[57] 杨伯坚. 企业社会责任、公司治理和公司业绩 [J]. 经济经纬，2012（3）：95-99.

[58] 于晓红，武文静. 公司治理、社会责任与企业价值研究 [J]. 当代经济研究，2014（5）：74-78.

[59] 张帆. 论转型经济中的企业社会责任 [J]. 湖南科技学院学报，2005（9）：240-242.

[60] 中国社会科学院经济学部企业社会责任研究中心. 中国企业社会责任报告编写指南（CASS-CSR2.0）[M]. 北京：经济管理出版社，2011.

[61] 朱慈蕴. 公司的社会责任：游走于法律责任与道德准则之间 [J]. 中外法学，2008（1）：29-35.

第六章　无实际控制人上市公司治理研究

第一节　公司治理的起源与内涵

一、公司治理的起源

"公司治理"的出现最早可追溯至 18 世纪 20 年代英国南海泡沫事件，学界对公司治理的研究出现于贝利和米恩斯的《现代公司和私人产权》一书。公司治理是随着现代公司制企业的发展应运而生的，对企业可持续发展和基业长青意义非凡。现代公司制企业具备两个主要特点：一是股权结构分散化，二是所有权和经营权两权分离。从第一个特征来看，公司股权最初由少数人掌握，随后逐步发展为社会公众分散持有，直至机构投资者出现后，机构投资者持有股票的现象不断增多。股权分散化能够进一步明晰产权关系，推动资本市场高效运转，但由此产生的集体决策行为，易使公司治理成本增加，同时也会削弱其他利益相关者对公司经营的监督，导致利益存在被侵夺的风险。从第二个特征来看，两权分离意味着控制权由所有者向经营者转移，股东利益目标与经营者利益目标极易出现不一致甚至冲突，由于经营者权力的扩大，所有者利益被损害的倾向性进一步加大。因此，公司治理问题逐步进入公众的视野，受到越来越多的关注。

二、公司治理的内涵

（一）相关概念界定

目前，公司治理并没有一个统一的严格的定义，但主要都包含如股东、董事会、监事会和经理层等利益相关者的相互关系，他们在一定程度上决定企业的发展和业绩方向。Ravenscraft（1996）指出公司治理是一项涉及企业生存发展的制度，它通过对控制权、索取权等一系列权利和义务约束的安排，明确公司的所有者、运行模式、收益分配、风险平衡等。Jensen 和 Meckling（1976）认为公司治理本质上存在一种契约关系，明确了所有者、经营者等利益相关主体的权责义务，并对董事会、管理层的行为进行规范，防止权力滥用，从而杜绝委托代理问题产生，追求公司价值最大化。Shleifer 和 Vishny（1997）对公司治理研究进行了综述，对投资者法律保护和股权集中度在世界各国公司治理体系中的重要性予以了特别关注。他们认为公司治理是通过制度性约束来帮助投资者获得收益，能够避免投资者自身利益遭受损失。林毅夫（1997）在考察现代企业制度背景下我国企业改革时指出，公司治理结构是企业所有者在监督和控制企业经营管理和绩效的一套制度安排。吴敬琏（1996）指出，企业所有者的性质、高层经理人员的职位权、有效约束的"内部人控制"等是建立有效的公司治理结构的几个关键性问题。李维安（2001）提出，公司治理是通过一系列规则建立具体的公司治理运营机制，维护投资者和其他利益相关者的利益，最终促进公司健康发展。

总的来看，笔者认为公司治理的概念应从两个维度进行考察。从宏观的角度来看，它侧重于对公司所有权的具体化安排，主要是从制度层面解决企业控制权、剩余索取权等分配问题，明确风险和收益分配、控制实施等问题，协调各方利益关系，科学有效决策，进而实现企业目标。从微观的角度来看，它侧重于构建公司内部治理机制，主要包括股东大会、董事会、监事会以及其他管理层之间存在的一种权责制约体系，以及它们之间存在的有效激励和约束等制度性安排。本研究从微观角度即股权结构、董事会治理、管理层激励等方面出发，采取定性与定量相结合的方式，对无实际控制人公司治理与企业绩效的关系展开研究。

（二）基本特征

1. 权责明晰、制约协调

公司的内部体系包括权力机构、决策机构、监督机构、执行机构，这些机构的权利和职责界定非常清晰，既相互牵制，又配合有序。股东（大）会是整个公司的权力机构，也是最高组织机构，它由全体股东组成，对公司重大事项进行决策，有权选任和解除董事，并对公司的经营管理有广泛的决定权，起着十分重要的决策作用。同时，股东（大）会在委托代理关系中处于委托方，拥有公司的资产并将其权力委托于董事会代为行使。董事会是公司的决策机构，由董事组成，对内掌管公司各项事务，对外代表公司做出经营决策，执行各项经营活动。董事会一方面作为股东（大）会的代理人，必须执行股东（大）会决议；另一方面对经营管理层具有任命权。监事会作为股份公司的内部监督机构，根据《公司法》规定，监事会是由股东（大）会选举的监事以及由公司职工民主选举的监事组成，代表股东大会执行监督职能，主要对董事会、经营管理层和公司的业务活动进行监督检查，以防止股东利益遭受损害。经营管理层作为执行机构，代表董事会在实际经营管理中执行决策，制订企业的经营计划，推动各项经营活动，负责企业日常经营管理事务。权力、决策、监督、执行四大机构在公司治理制度框架的规范下各司其职，形成相互协调和制约的四权分立架构，成为一个有机联系的整体。

2. 委托代理，层层授权

公司治理问题其实是公司所有权和经营权分离的法律原则的一种异化，两权分离导致公司股东面临新的问题，即股东失去了对公司的直接控制权和经营权。因此，委托代理行为使得两权分离的过程中出现了层层授权，主要包括股东向董事会、股东向监事、董事会向经营管理层、经营管理层向部门员工等自上而下的授权。具体来讲，股东将其资产和权益委托于董事会，董事会再将资产控制权委托于经营管理层，由经营管理者进行决策并进行企业日常经营和管理，经营管理层将公司战略目标层层分解下达至各业务部门，部门员工按照目标任务，履行各自的职能职责。同时，股东（大）会选举出监事对董事和经营管理层行为实施监督。因此，从股东（大）会到公司基本作业层，以及它们之间存在的各类中间层次，形成了层层代理的委托代理关系。

3. 相互激励，相互约束

委托代理关系中存在的一个重要问题是委托方如何有效应对代理方逆向选择、道德风险、动力不足、信息不对称等问题，代理人在市场经济活动中所追求的利益目标与委托人不完全相同，一旦代理人获得了资源的支配权力，就很可能去追求与委托人不一致的利益目标。为解决委托代理问题，就要采取激励与约束并重的举措：一方面，完善公司的各项制度和管理机制，明确内部机构的职责和权限，对经营管理层提出明确的利润目标等，加大监督力度，进而实现机构和人员之间的相互制约和监督。另一方面，对代理人实行有效的激励手段，如通过将代理人报酬与公司盈利挂钩，给予代理人股票期权、职务晋升等直接或间接激励，促使代理人作出有利于实现委托人目标利益的决策，因此从监督和激励两方面共同减少股东权益的损失。

（三）研究方向

1. 国外公司治理研究方向

20 世纪 80 年代以来，公司治理的研究方向主要是围绕利益相关者利益和经营管理层行为展开。关于利益相关者利益方面，20 世纪 80 年代许多公司以异常高于原股票的价格非正常收购目标公司，目标公司股东在被收购中获得高额利润。目标公司被收购后，通常会对董事会或经营管理层人员进行调整重组，或进行大规模的裁员，或转变公司经营战略，或调整甚至终止经营业务，导致董事、高管人员以及普通员工被大量裁员，供应商、债权人、政府等利益相关者蒙受损失。因此，如何在非正常收购中保护其他利益相关者的利益，成为公司治理问题研究的一个重要方向。

20 世纪 50 年代以来，随着薪酬的迅速增长，高管人员薪酬与普通员工薪酬的差距逐步扩大，薪酬差距扩大会导致员工产生不公平感，进而对企业业绩带来影响。到 80 年代后，机构投资者开始不断涌现，对公司股权结构变化带来了极大的影响，分散化的股权结构逐步呈现出集中化趋势，机构投资者也对董事和经营管理层行为产生了极大的影响。因此，如何控制经营管理层行为来保护股东利益，成为公司治理问题研究的另一个方向。

2. 国内公司治理研究方向

我国国有企业改革始于 20 世纪 80 年代左右，至 90 年代中期，企业经营管理层获得了极大的控制权，并由此产生了经理人员严重的腐败问题，比如，刘世锦（1999）指出"在职消费"膨胀，出现了各种名目体现剩余索取权的消费，滋生了"吃喝风"现象；侵占和转移资产至境外，明显压价售卖企业资产，利用关系资源或不等价交易，将企业利益转移给"关系户"。许多学者认为公司治理结构的不完善，经营管理者缺乏有效的约束，导致腐败问题产生。因此，20 世纪 90 年代，许多学者从腐败治理角度展开了对公司治理的研究。

随着国有企业改革拉开序幕，许多学者围绕建立产权明晰、管理科学的现代企业制度、国有企业公司化改造等问题展开了研究，主要是关注国有企业公司化改造后，股东大会、董事会、监事会和经营管理层权力等内容。此外，股东道德风险、民营企业治理等也是公司治理研究的重要方向。

第二节　公司治理的文献综述

近年来，学者们对公司治理开展了诸多研究，主要是关注公司治理对经济后果带来的影响，比如公司治理对企业绩效的影响，重点分析了公司经营变量与公司治理的关系。

一、股权结构与企业绩效关系的文献回顾

Shleifer 和 Vishny（1986）指出股权集中掌握在少数几个大股东中，能够有助于股东对经营管理层实施监督，进而减少经营管理者的利己行为，从而提升企业绩效。

Jensen（1993）在委托代理理论的基础上提出，作为委托代理人的股东，为寻求自身利益会积极解决代理问题，股权集中度越高股东就越会努力解决委托代理问题，随着代理成本的下降，企业绩效会得到提升。

Levy 等（1983）在研究对普通股表决权进行经济评价时指出，以美国上市公司股价来衡量企业绩效，股权集中度越高，企业绩效也就越好，两者存在明显的正相关关系。

Steen 和 Pederson（2000）发现股权集中度对股东价值（股权市净率）和盈利能力（资产收益率）具有正向影响。此外，大股东的身份对公司战略和业绩有重要影响。

Leech 和 Leahy（1991）实证研究分析了英国企业中的股权集中度对企业绩效的影响，发现英国企业股权集中度与企业绩效指标托宾 Q 之间存在显著负相关关系。

La Porta 等（1999）认为大股东和小股东的利益存在不一致性，大股东为换取个人利益，可能会侵占小股东的利益，使得股权集中度得到提高，因而更易于对公司经营管理施加影响，管理者也因积极性遭受打击，不利于治理作用发挥，进而导致企业绩效降低。

John 和 Henri（1990）假设上市公司价值是股权结构的函数，通过使用托宾 Q 来衡量企业绩效发现，企业绩效与公司内部人持有的普通股比例之间存在显著的曲线关系。此外，企业绩效与机构投资者持股比例存在显著正相关关系。

张红军（2000）指出股权集中度与公司绩效存在显著的正相关关系，法人股东的股权比例对公司绩效有显著的正向效应。

吴淑瑕（2002）发现股权集中度、内部持股比例与企业绩效均呈显著倒 U型关系。第一大股东持股比例与公司绩效正相关，国家股比例、境内法人股与公司绩效呈显著 U 型相关。

施东晖和司徒大年（2004）认为股权结构对公司治理水平具有显著影响，政府控股型公司的治理水平最高，国有资产管理机构控股型公司的治理水平要高于国有法人控股型公司，而一般法人控股型及股权分散型公司的治理水平介于前两者之间，但不存在显著差异。

燕玲（2012）指出内部人持股及大股东持股与公司绩效之间呈倒 U 型关系，同时发现机构投资者持股与企业绩效之间呈现显著的正向关系。

颜爱民、马箭等（2013）从企业生命周期视角出发，研究了不同生命周期阶段，股权集中度、股权制衡对企业绩效的影响。他们发现股权集中度在成长期和衰退期与企业绩效正相关，股权制衡在企业成长阶段与企业绩效负相关。

贺炎林、张赢文等（2014）指出西部地区上市公司股权集中度对公司业绩的正向影响较高，而东部地区则相对较低。

二、董事会结构与企业绩效关系的文献回顾

Morck 和 Vishny（1988）研究了管理层所有权与公司市场估值之间的关系，发现随董事会所有权的增加，托宾 Q 先上升后下降，最后略有上升。

Pearce 和 Zahra 等（1992）研究认为董事会组成与未来衡量公司财务业绩的指标呈正相关，上市公司董事会中独立董事的存在将有助于提升企业绩效。

Martin 和 Jay 等（1992）从限制董事会规模、设定独立董事与内部董事的比例等方面，对公司治理提出了合理化建议。他们认为董事会规模过大并不能为企业提供更好的决策，相反易导致董事会信息传递失真。当董事会人数为7 至 8 人时，有利于更好地发挥董事的作用，促进企业绩效的提升。

Yermack（1996）发现董事会规模与公司价值之间具有负相关关系，拥有小董事会的公司在财务比率方面也表现出更好的价值，这一结论与小董事会更有效的理论保持一致。

Kula（2005）实证发现董事长和总经理职位的分离对公司绩效有显著的正向影响。董事会的有效性、信息获取和绩效评价属性与企业绩效呈显著正相关。

Omran 和 Bolbol 等（2007）认为独立董事通过发挥监督职能制约内部董事和经理层，提高独立董事的比例有利于提升企业绩效。

Drakos 和 Bekiris（2010）研究发现当管理层持股被视为内生时，对公司价值有积极的影响。

孙永祥和黄祖辉等（1999）发现有一定集中度、有相对控股股东并且有其他大股东存在的股权结构，有利于提升企业绩效。

李斌等（2005）指出董事会建设渐趋规范，而公司绩效却逐年下滑，董事长与总经理两职完全合一与公司绩效显著负相关。董事会规模与公司绩效没有显著的关系，独立董事对公司绩效不能起到实质上的促进作用。

沈艺峰等（2002）从董事会规模、构成、董事会成员持股比例等研究了董事会治理失败的原因。他们认为，董事会规模过大、董事会构成不合理、董事长和总经理两职合一过多、董事会成员持股数及持股比例过低可能是治理失败的原因。

李维安和张耀伟（2004）认为董事会治理与公司治理绩效之间存在着倒 U 型曲线关系。公司绩效与董事会组织结构指数、董事薪酬指数具有显著的负相关关系，与独立董事指数具有显著的正相关关系。

王跃堂和赵子夜等（2006）指出独立董事比例和公司绩效呈显著正相关关系。当大股东缺乏制衡时，独立董事比例对公司绩效的促进作用会显著降低。同时，独立董事的声誉能够显著地促进公司绩效。

魏志华和王毅辉等（2009）发现在竞争程度较弱的公用事业和竞争激烈的工业企业，国有控股对公司绩效具有显著负面影响，股权集中度在竞争程度较弱的公用事业和商业中与公司绩效存在显著的 U 型曲线关系。

李秉祥和李曼娜等（2017）的研究结果表明：创业板上市公司董事会结构对企业绩效的影响存在生命周期的状态依存性；成长期董事会人数、独立董事比例与企业绩效负相关，成熟期董事会人数、独立董事比例与企业绩效正相关；成长期董事长与总经理两职兼任和企业绩效正相关，成熟期董事长与总经理两职兼任和企业绩效负相关。

蒋永华（2010）研究发现，前三大股东持股比例、前五大股东持股比例、境内法人股、高管股与企业绩效具有正相关关系，国家股与企业绩效具有负相关关系。增加公司大股东数量和持股比例，减少国家股的比例有利于企业绩效的提高。

白重恩和刘俏等（2009）认为上市公司的市场价值与公司治理结构变量紧密相关，特别是反映股权结构的变量如第一大股东持股量、其他大股东持股量以及第一大股东是否为国有股等。

王建南（2016）认为董事会成员的平均年龄与企业绩效负相关，董事会成员的平均学历、技术背景与企业绩效正相关，董事会政治背景与企业绩效负相关，与董事会技术背景与企业绩效无显著相关关系。

三、高管激励与企业绩效关系的文献回顾

Brian 和 Bruce 等（1996）将长期股票期权与薪酬中更普遍使用的短期薪酬结合在一起，揭示了高管薪酬对公司业绩具有较高的敏感性。研究发现，由于高管股票期权的存在，董事会薪酬与公司绩效之间存在显著的相关关系。

Gibbons 和 Murphy（1990）回顾了相对绩效评估（RPE）在 CEO 薪酬合同中的存在情况。研究发现，RPE 会影响 CEO 的薪酬和留用决策，CEO 薪酬调整和 CEO 继续留任与企业绩效呈显著正相关关系。

Mehran（1995）认为企业绩效与经理持有的股权比例和以股权为基础的薪酬比例具有正相关关系。

魏刚（2000）考察了公司经营绩效与高级管理人员激励的关系，研究发现，高管人员的年度报酬与上市企业经营绩效并不存在显著的正相关关系，高管人员的持股数量与企业经营绩效之间也不存在"区间效应"。

张俊瑞和赵进文等（2003）发现高管人员的薪金报酬的对数与公司经营绩效指标的对数之间呈现较显著的、稳定的正相关关系。公司经营绩效越好、规模越大，高管人员获得高报酬的可能性越大。

夏和平（2006）发现股东多元化、高管薪酬激励和独立董事比例对公司治理影响最为显著。第一大股东是否为法人股、独立董事起多大作用、是否在国外上市对公司绩效没有显著影响。

徐向艺和王俊铧等（2007）发现，管理层薪酬与股权激励能够降低代理成本，进而提高企业的绩效，即高管薪酬、公司治理绩效与代理成本显著负相关。

吴育辉和吴世农（2010）的研究证明高管货币薪酬与资产净利率之间存在显著的正相关关系。

侯剑平和李运鑫（2015）发现，高管激励与企业绩效存在内生性关系，高管激励对于绩效具有促进作用，而企业绩效在一定程度上又实现了高管激励机制。

王新红和石欣欣（2016）的研究表明，高管激励与企业绩效呈显著正相关

关系，研发投入作为薪酬激励是影响企业绩效的中介变量，起到良好的传递作用，而股权激励对企业绩效的影响并未通过研发投入进行传递。

四、文献述评

前述部分从股权结构、董事会结构、高管激励三个维度，梳理回顾了公司治理与企业绩效关系的相关文献。从以上文献回顾可以看到，公司治理与企业绩效之间相关性的研究受到了国内外众多学者的研究关注，学者们从不同公司治理变量出发展开了丰富的研究，从理论层面和应用层面提出了许多创新观点和对策建议。

从股权结构与企业绩效的关系来看，Shleifer 和 Vishny（1986）、Jensen（1993）、Steen 和 Pederson（2000）、张红军（2000）、施东晖和司徒大年（2004）等学者认为股权结构相关变量对企业绩效具有正向影响。Leech 和 Leahy（1991）、La Porta（1999）、颜爱民和马箭（2013）等学者认为股权结构相关变量与企业绩效具有负相关关系。吴淑琨（2002）、燕玲（2012）等学者则认为两者之间存在 U 型关系。从董事会结构与企业绩效的关系来看，Pearce 和 Zahra（1992）、Kula（2005）、Omran 和 Bolbol（2007）、孙永祥和黄祖辉（1999）等学者认为董事会结构相关变量为企业绩效带来了正向影响。Yermack（1996）、李斌（2005）、沈艺峰（2002）、王建南（2016）等学者认为董事会结构相关变量与企业绩效存在负相关关系。李维安和张耀伟（2004）、魏志华和王毅辉（2009）等学者则指出董事会结构与企业绩效相关变量存在 U 型关系。从高管激励与企业绩效关系来看，两者或存在正相关关系，或不存在相关关系。

国内外学者就股权结构、董事会结构、高管激励在公司治理中发挥的作用及其与经营绩效的关系展开了众多研究，但目前缺乏一个比较统一的结论。从梳理的文献来看，目前的文献基本上是集中于实际控制人公司，少有以无实际控制人上市公司为样本，对这一特定对象的公司治理问题展开研究的。

第三节　公司治理的研究假设

到目前为止，关于公司治理与企业绩效关系的研究大多集中于有实际控制人的企业。相对于实际控制人企业，无实际控制人企业股权分散，公司控制权相对较高，公司存在对代理人依赖程度更高、公司治理不完善等特点。而且无实际控制人上市公司数量越来越多,其公司治理问题值得关注。

股东持股情况是通过股权分布而反映出来的,股权集中度是刻画股权集中抑或是分散的一个指标,现有文献研究中,常常用大股东持股比例来反映股权集中度大小。股东在利益最大化目标的驱使下,通常会积极寻求对企业经营管理的有效监督约束,并对经营管理层施加积极的影响,防止经营管理人员的"短视行为"。由于无实际控制人股权结构相对分散,对企业经营决策难以施加影响,当无实际控制人上市公司股权集中度提高时,能够进一步削弱公司控制权力,促使管理层做出有利于公司价值的经营决策。基于前述分析,提出本章第一个研究假设:

假设 1:无实际控制人上市公司股权集中度对企业绩效具有正向促进作用。

董事会行为通常采用董事会在会计年度内召开会议的次数来衡量。现有研究中,有的学者认为董事会主要是基于维护股东权益,对经营管理层的行为实施监督管理,董事会的召开一定程度上反映了其履职是否充分。通过召开董事会,一方面可以加强董事会成员之间、董事会与经营管理者之间的沟通交流;另一方面有助于及时商讨公司经营发展的重要战略、主营业务和经营风险,进而提升公司的绩效水平。还有的学者(Vafeas, 1999)认为,董事会会议的召开一定程度上会增加时间成本、费用成本等。频繁的董事会趋于形式化,大量的时间精力投入日常经营活动讨论中,一方面不利于董事会成员对经营决策行为实施有效监督;另一方面对经营管理者的工作积极性带来不良影响,进而不利于提升企业绩效。无实际控制人企业中,股权结构相对稳定,相对来说发生大股东独断专行的可能性更小一些,董事会内部也难以一锤定音。基于上述分析,提出本章的第二个研究假设:

假设 2:相较于实际控制人企业,无实际控制人上市公司董事会行为对企业绩效没有显著影响。

公司对经营管理者的激励方式主要有物质激励和精神激励,薪酬激励是物质激励的一种重要形式。随着现代企业制的发展,委托代理问题日益凸显,薪酬激励问题也更加受到关注。通过给予经营管理者薪酬鼓励,能够促使经营管理者更好地履职尽责,促使经营管理者个人目标与企业价值最大化目标趋同,降低委托代理成本,提升公司经营管理效率。无实际控制人上市公司不存在控股股东,其他股东对公司资金占用的可能性很小,公司薪酬激励机制相对更趋完善,高管薪酬对企业业绩的敏感性也更高。基于上述分析,提出本章的第三个研究假设:

假设 3:无实际控制人上市公司管理层薪酬激励对企业绩效具有正向促进作用。

在职消费是管理者薪酬约定以外的其他报酬或利得，通常产生于经营管理者履职过程中，需由公司承担的消费。在职消费可以理解为一种特权权益或特定经营管理行为的附带利益。在职消费不仅是公司生产经营活动的必要花费，也直接体现了经营管理者的权威。现有文献对在职消费与企业绩效关系的研究中得出了不同的结论。有的学者认为，在职消费一定程度上是一种较为隐蔽的激励形式，能够使经营管理者在实现自身效用最大化的同时，提升经营管理效率，进而促使公司绩效的提升。有的学者认为，在职消费会导致公司代理成本的提高，反映公司治理存在的低效率问题，进而不利于提升企业绩效。无实际控制人上市公司在薪酬激励机制相对完善的情况下，在职消费的隐形作用并不明显。基于以上分析，提出本章的第四个研究假设：

假设 4：相较于实际控制人企业，无实际控制人上市公司管理层在职消费对企业绩效没有显著影响。

第四节　实证研究与分析

一、样本选取与数据来源

（一）样本选择

本书以 2015—2017 年 A 股上市公司中无实际控制人公司为研究对象。出于研究需要，剔除发生经营异常或财务业绩差的 ST、*ST 公司，避免极端值影响研究数据的准确性；剔除样本缺失数据无法通过其他方式获取的公司。

（二）数据来源

本书的数据来源于国泰安（CSMAR）数据库。部分关键缺失数据通过证监会、上交所等网站公布的上市公司年报经手工抄录获取。借助于 EXCEL 和 SPSS20.0 软件对相关数据进行分析处理。经过对样本数据的收集、整理和筛选，最终获得实际控制人企业 8513 家，无实际控制人上市公司 392 家。

二、变量设计

（一）被解释变量：企业绩效

学者们在衡量企业绩效时主要选取总资产报酬率（王怀明、史晓明，2009；陈丁、张顺，2010；柏培文，2011）、净资产报酬率（魏光兴、李魁梅，

2014；周春梅、张成心，2014)、托宾 Q（杜兴强、王丽华，2007；赵睿，2012）和每股收益（李绍龙、龙立荣等，2012）等指标。其中，托宾 Q 主要是从市场指标出发，衡量企业绩效表现、成长性以及长期绩效；ROA、ROE 等主要是从财务指标出发，衡量企业的短期绩效。考虑到数据的易获得性和评价的全面性，本书选取 ROA 来衡量企业绩效。

（二）解释变量

1. 股权集中度（Herf10）

股东持股情况是通过股权分布而反映出来的，股权集中度是刻画股权集中抑或是分散的一个指标，它对衡量公司股权分布情况以及公司稳定性强弱具有一定的代表意义。当股权较为分散时，会导致企业管理层权力的加大，而高管凭借管理层权力可对企业绩效施加影响，本书以前十大股东持股比例的平方和来衡量股权集中度。

2. 董事会行为（Dac）

董事会行为是研究董事会治理机制时一个重要的变量，越来越受到学者的广泛关注，董事会行为主要体现在对企业经营管理实施高效的监督，并为企业提供有效的决策服务。在分析董事会行为时，可以从董事会会议频率入手展开研究。本书以召开董事会会议次数来衡量董事会行为。

3. 薪酬激励（Moti）

激励是组织通过设计适当的外部薪酬形式和工作环境，以一定的行为规范和惩罚性措施来激发和引导组织成员的行为。薪酬激励是激励的常见手段，主要包括具有维护性质的工资、津贴、福利等和具有激励性质的奖金、股份和培训等。本书主要采用公司薪酬最高的前三名管理者的薪酬总额的自然对数衡量薪酬激励程度。

4. 在职消费（Isc）

在职消费是指企业高管人员，尤其是国有企业管理层，履行职务而引起的各种公务消费开支。在职消费属于工资报酬外的额外收益，比如差旅费、业务招待费、通信费、出国培训费等。这些项目容易成为高管人员获取好处的捷径。本书主要采取管理费用总额的自然对数作为衡量指标。

（三）控制变量

借鉴既有研究，对可能影响企业绩效的企业规模、财务结构、董事长总经理两职兼任、企业性质、独董比例等相关因素进行控制，同时对年度虚拟变量进行控制，相关研究变量如表 6-1 所示。

表 6-1　相关研究变量定义表

变量性质	变量名称	变量符号	计算方法
被解释变量	企业绩效	ROA	净利润/平均资产总额
解释变量	股权集中度	Herf10	前十股东持股比例的平方和
	董事会行为	Dac	董事会会议次数
	管理层薪酬激励	Moti	ln（薪酬最高前三名管理者的薪酬总额）
	在职消费	Isc	ln（管理费用）
控制变量	企业规模	Size	ln（年末总资产）
	财务结构	Level	负债总额/资产总额
	董事长总经理两职兼任	Power	两职兼任取值为 1，否则取值为 0
	企业性质	Soe	国有企业取值为 1，否则取值为 0
	年份虚拟变量	Year	本书共 3 个年度，设置 2 个虚拟变量属于某年度取值为 1，否则取值为 0

三、模型构建

根据本章提出的研究假设，分别构建如下模型，对提出的假设进行实证分析与检验：

模型一：

$$ROA = \beta_0 + \beta_1 Herf10 + \beta_2 Size + \beta_3 Level + \beta_4 Power + \beta_5 Soe + \sum \beta_{i+5} Year + \varepsilon$$

模型二：

$$ROA = \beta_0 + \beta_1 Dac + \beta_2 Size + \beta_3 Level + \beta_4 Power + \beta_5 Soe + \sum \beta_{i+5} Year + \varepsilon$$

模型三：

$$ROA = \beta_0 + \beta_1 Moti + \beta_2 Size + \beta_3 Level + \beta_4 Power + \beta_5 Soe + \sum \beta_{i+5} Year + \varepsilon$$

模型四：

$$ROA = \beta_0 + \beta_1 Lsc + \beta_2 Size + \beta_3 Level + \beta_4 Power + \beta_5 Soe + \sum \beta_{i+5} Year + \varepsilon$$

四、描述性统计分析

（一）全样本描述性统计

如表 6-2 所示，不同企业的绩效具有一定差异，有的企业绩效甚至为负。股权集中度极大值为 0.809877，极小值为 0.000020，均值为 0.159395，反映出各企业股权集中度的差异较大。董事会行为极大值为 57.000，极小值为 2.000，标准差为 4.541，说明不同公司董事会召开会议的频率不同，反映了董事会履职尽责的积极性不同。管理层薪酬激励极大值为 17.406411，极小值为 11.759786，标准差为 0.673236，反映了不同公司薪酬激励的程度具有较大差异。在职消费极大值为 25.168100，极小值为 15.064600，均值为 18.938132，说明不同企业在职消费差距不是很大。

表 6-2　2015—2017 年全样本各变量描述性统计分析

变量	样本数	极小值	极大值	均值	标准差
Moti	8904	11.759786	17.406411	14.369121	0.673236
ROA	8904	−0.774717	0.668853	0.047587	0.063589
Power	8902	0	1.000	0.290	0.454
Soe	8904	0	1.000	0.320	0.468
Size	8850	19.194600	25.850900	22.159087	1.288977
Lev	8904	0.046125	0.979368	0.411600	0.205290
Herf10	8904	0.000020	0.809877	0.159395	0.112718
Inde	8904	0.030000	0.571429	0.239303	0.173571
Dac	8902	2.000	57.000	10.340	4.541
Isc	8904	15.064600	25.168100	18.938132	1.153128

（二）分样本描述性统计

如表 6-3 所示，无实际控制人企业绩效标准差为 0.829347，不同企业的绩效差异较大，有的企业绩效为负。股权集中度极大值为 0.490273，极小值为 0.000020，均值为 0.083538，反映出各企业股权集中度相差不大。董事会行为均值为 11.060，说明无实际控制人企业一年平均召开 11 次董事会。管理层薪酬激励极大值为 17.215974，极小值为 11.759786，标准差 0.829347，反映了不同公司薪酬激励的程度具有较大差异性。在职消费极大值为 24.000，极小值为 16.000，标准差为 1.339，说明不同企业在职消费差异较大。

表 6-3 2015—2017 年无实际控制人企业变量描述性统计分析

变量	样本数	极小值	极大值	均值	标准差
Moti	392	11.759786	17.215974	14.821570	0.829347
ROA	392	−0.217385	0.302002	0.045859	0.063436
Power	392	0	1.000	0.280	0.451
Soe	340	0	1.000	0.130	0.336
Size	392	19.194600	25.850900	22.277379	1.395815
Lev	392	0.046125	0.977342	0.406816	0.206312
Herf10	392	0.000020	0.490273	0.083538	0.079883
Inde	392	0.030000	0.571429	0.241751	0.176551
Dac	392	3.000	41.000	11.060	5.067
Isc	392	16.000	24.000	19.180	1.339

（三）分年度样本描述性统计

如表 6-4 所示，企业绩效总体上呈上升趋势。股权集中度均值由 2015 年的 0.076595 上升到了 2017 年的 0.094916，与企业绩效保持一致的上升趋势，证实了前文假设，股权集中度和企业绩效存在正相关关系。董事会行为均值变化不大，说明召开董事会会议的频率趋于稳定。薪酬激励总体上呈上升态势，也证实了前述假设，管理层薪酬激励与企业绩效呈正相关关系。在职消费均值趋于稳定，说明变动不大。

表 6-4 2015-2017 年无实际控制人企业分年度样本描述性统计

	年份	极小值	极大值	均值	标准差
	2015	11.759786	17.003143	14.707634	0.908555
Moti	2016	12.601487	17.138927	14.805867	0.800653
	2017	13.017003	17.215974	14.911588	0.793823

	年份	极小值	极大值	均值	标准差
ROA	2015	-0.176815	0.262503	0.035829	0.066047
	2016	-0.142803	0.302002	0.047149	0.062425
	2017	-0.217385	0.209645	0.051390	0.062179
Power	2015	0	1.000	0.260	0.440
	2016	0	1.000	0.320	0.469
	2017	0	1.000	0.260	0.441
Soe	2015	0	1.000	0.070	0.255
	2016	0	1.000	0.090	0.291
	2017	0	1.000	0.200	0.403
Size	2015	19.208100	25.850900	22.045780	1.429012
	2016	19.551300	25.850900	22.175587	1.301075
	2017	19.194600	25.850900	22.522924	1.426255
Lev	2015	0.046125	0.977342	0.394791	0.207165
	2016	0.050232	0.928519	0.402696	0.205353
	2017	0.046125	0.905155	0.418524	0.207348
Herf10	2015	0.000020	0.463261	0.076595	0.071955
	2016	0.002948	0.336299	0.076000	0.066637
	2017	0.002630	0.490273	0.094916	0.093743
Inde	2015	0.030000	0.571429	0.250004	0.182259
	2016	0.030000	0.571429	0.241809	0.175649
	2017	0.030000	0.571429	0.236196	0.174433

	年份	极小值	极大值	均值	标准差
	2015	4.000	40.0000	11.2200	5.3520
Dac	2016	3.0000	41.0000	11.4500	5.1790
	2017	3.0000	39.0000	10.6100	4.7600
	2015	16.000	23.000	18.970	1.389
Isc	2016	17.000	23.000	19.090	1.224
	2017	16.000	24.000	19.410	1.379

五、相关性分析

如表6－5所示，左下方列明了各变量间的Spearman相关系数，右上方显示了不同变量间的Pearson相关系数，反映不同变量之间的相关性。表中各变量的绝对值基本上都在0.5以下，反映了各变量间存在着较为合理的相关性。两种相关系数表中，企业绩效与股权集中度在5％的水平上呈显著正相关关系，初步表明高度集中的股权结构能够显著地提高企业绩效。企业绩效与管理层薪酬激励（Moti）、在职消费（Isc）均在1％的水平上呈正相关关系，初步表明薪酬激励与企业绩效呈正相关关系。Spearman相关系数表中，董事会行为与企业绩效在5％的水平上呈负相关关系。Pearson相关系数表中，董事会行为与企业绩效不具有显著的相关性。

表6－5　研究变量的相关分析表

	Moti	ROA	Power	Soe	Size	Lev	Herf10	Inde	Dac	Isc
Moti (Sig.)		0.142** (0.005)	0.057 (0.262)	0.161** (0.003)	0.639** (0.000)	0.333** (0.000)	0.083 (0.100)	0.028 (0.576)	0.212** (0.000)	0.701** (0.000)
ROA (Sig.)	0.170** (0.001)		0.039 (0.477)	0.03 (0.578)	−0.004 (0.931)	−0.181** (0.000)	0.111* (0.028)	−0.043 (0.392)	−0.028 (0.584)	0.037 (0.462)
Power (Sig.)	0.072 (0.156)	0.008 (0.0882)		−0.064 (0.237)	−0.062 (0.222)	0.017 (0.734)	−0.073 (0.151)	0.023 (0.65)	0.039 (0.437)	−0.027 (0.593)
Soe (Sig.)	0.174** (0.001)	0.044 (0.042)	−0.064 (0.237)		0.210** (0.000)	0.165** (0.002)	0.217** (0.000)	−0.098 (0.072)	−0.094 (0.085)	0.223** (0.000)
Size (Sig.)	0.536** (0.000)	−0.04 (0.427)	−0.100* (0.047)	0.246** (0.000)		0.567** (0.000)	0.260** (0.000)	0.069 (0.174)	0.288** (0.000)	0.837** (0.000)
Lev (Sig.)	0.247** (0.000)	−0.279** (0.000)	−0.029 (0.572)	0.161** (0.003)	0.558** (0.000)		0.236** (0.000)	0.105* (0.038)	0.238** (0.000)	0.453** (0.000)

	Moti	ROA	Power	Soe	Size	Lev	Herf10	Inde	Dac	Isc
Herf10 (Sig.)	0.052 (0.307)	0.108 * (0.033)	－0.087 (0.085)	0.138 * (0.011)	0.139 * * (0.006)	0.161 * * (0.001)		－0.042 (0.411)	0 (0.998)	0.201 * * (0.000)
Inde (Sig.)	0.04 (0.427)	－0.091 (0.072)	0.027 (0.587)	－0.115 * (0.033)	0.068 (0.177)	0.123 * (0.015)	－0.066 (0.192)		0.125 * (0.013)	0.026 (0.614)
Dac (Sig.)	0.143 * * (0.005)	－0.103 * (0.042)	0.017 (0.734)	－0.09 (0.097)	0.275 * * (0.000)	0.282 * * (0.000)	－0.094 (0.062)	0.114 * (0.024)		0.283 * * (0.000)
Isc (Sig.)	0.618 * * (0.000)	0.049 (0.033)	－0.037 (0.466)	0.242 * * (0.000)	0.763 * * (0.000)	0.425 * * (0.000)	0.095 (0.006)	0.043 (0.0398)	0.244 * * (0.000)	

注：＊＊表示在 0.01 水平（双侧）上显著相关，＊表示在 0.05 水平（双侧）上显著相关。

六、多元回归分析

根据前述相关分析会发现，部分自变量之间具有显著的相关性。因此，在对研究模型进行回归分析时，本书分析了各自变量的容差和 VIF 值。其中，容差均大于 0.5，VIF 值均小于 1.6，说明各变量间不存在多重共线性问题，因而不会影响到研究模型的拟合优度，通过多元回归模型分析的方法具有可行性。

（一）模型一回归结果

模型一主要考察了无实际控制人上市公司绩效与股权集中度之间的关系，将企业绩效作为被解释变量。如表 6－6 所示，模型一中 R^2 值为 0.077，调整 R^2 值为 0.055，表明该模型具有较好的拟合优度。F 统计量为 3.448，且在 1‰的水平上具有显著性，通过了 F 检验，说明模型一具有统计学意义，该模型整体效果较好。

从回归结果中可以看到，企业绩效（ROA）与股权集中度在 1‰的显著性水平上呈正相关，说明了股权集中度越高，企业绩效也相对更好，进一步证实了本章的研究假设 1，即股权集中度提高，有助于股东加大对公司经营管理层的监督力度，积极推动经营管理层做出有利于公司目标的决策，提高决策的效率和质量，进而促使企业经营绩效的提升。

表 6－6　模型一回归分析表

$N=392$　　　$R^2=0.077$　　　adjust$R^2=0.055$　　　$F=3.448^{***}$

变量		（常量）	Herf10	Power	Soe	Size	Lev	Inde	Year
ROA	系数	－0.026	0.154 * * *	0.005	0.002	0.003	－0.78 * * *	0.001	控制
	t 值	－0.406	3.512	0.602	0.88	1.117	－3.844	0.025	控制

注：＊＊＊表示在 0.01 水平（双侧）上显著相关，＊＊表示在 0.05 水平（双侧）上显著相关。

（二）模型二回归结果

模型二主要考察了企业绩效与董事会行为之间的关系。如表6-7和表6-8所示，模型二中R^2值分别为0.045和0.276，调整R^2值为0.022和0.275，表明该模型具有较好的拟合优度。F统计量分别为1.953和161.465，实际控制人企业样本在1%的水平上具有显著性，说明该模型具有统计学意义，该模型整体效果较好。

表6-7 模型二回归分析表（无实际控制人上市公司）

$N=392$ $R^2=0.045$ adjust$R^2=0.022$ $F=1.953^*$

变量		（常量）	Dac	Power	Soe	Size	Lev	Inde	Year
ROA	系数	−1.6	−0.01	0.003	0.005	0.005	−0.067***	−0.003	控制
	t值	−5.321	0.348	0.743	0.616	0.087	0.001	0.863	控制

注：***表示在0.01水平（双侧）上显著相关，**表示在0.05水平（双侧）上显著相关。

表6-8 模型二回归分析表（实际控制人上市公司）

$N=8513$ $R^2=0.276$ adjust$R^2=0.275$ $F=161.465^{***}$

变量		（常量）	Dac	Power	Soe	Size	Lev	Inde	Year
ROA	系数	−0.106***	−0.001***	0.005***	−0.18***	0.009***	−0.124***	−0.003	控制
	t值	−8.276	−4.693	3.538	−11.557	15.253	−33.245	−0.904	控制

注：***表示在0.01水平（双侧）上显著相关，**表示在0.05水平（双侧）上显著相关。

从回归结果中可以看到，无实际控制人上市公司样本中企业绩效与董事会行为不具有相关性。而实际控制人企业样本中企业绩效与董事会行为在1%的显著性水平上呈负相关关系，证实了本章的研究假设2，说明相较于实际控制人企业，无实际控制人上市公司董事会行为对企业绩效不具有影响。

（三）模型三回归结果

模型三主要考察了无实际控制人公司绩效与管理层薪酬激励之间的关系。如表6-9所示，模型四中R^2值为0.058，调整R^2值为0.035，表明该模型具有较好的拟合优度。F统计量为2.527，且在1%的水平上具有显著性，通过了F检验，说明模型四具有统计学意义，该模型整体效果较好。

表 6-9　模型三回归分析表

$N=392$　　　$R^2=0.058$　　　adjust$R^2=0.035$　　　$F=2.527***$

变量		（常量）	Moti	Power	Soe	Size	Lev	Inde	Year
ROA	系数	−0.134	0.13**	0.01	0.006	4.157^{-5}	−0.67***	−0.006	控制
	t 值	−1.787	2.299	0.148	0.528	0.011	−3.295	−0.313	控制

注：***表示在 0.01 水平（双侧）上显著相关，**表示在 0.05 水平（双侧）上显著相关。

从回归结果中可以看到，企业绩效与管理层薪酬激励在 5% 的显著性水平上呈正相关关系，符合本章的研究假设 3，说明管理层薪酬激励越大，企业经营绩效也就越好，即薪酬激励作为解决企业委托代理问题的一个重要途径，对企业经营管理层的工作积极性具有直接影响，薪酬激励能够有效推动经营管理者在满足个人物质基础的条件下，更好地为企业目标服务，同时将有效减少逆向选择和道德风险问题，进而在推动企业绩效提升的同时，实现个人利益的增加。

（四）模型四回归结果

模型四主要考察了企业绩效与管理层在职消费之间的关系。如表 6-10 和表 6-11 所示，模型中 R^2 值分别为 0.046 和 0.172，调整 R^2 值为 0.023 和 0.171。F 统计量为 1.98 和 220.417，实际控制人企业样本在 1% 的水平上具有显著性，通过了 F 检验，说明模型四具有统计学意义，该模型整体效果较好。

表 6-10　模型四回归分析表（无实际控制人上市公司）

$N=392$　　　$R^2=0.046$　　　adjust$R^2=0.023$　　　$F=1.98**$

变量		（常量）	Isc	Power	Soe	Size	Lev	Inde	Year
ROA	系数	−0.054	0.005	0.002	0.006	0.001	−0.068***	−0.004	控制
	t 值	−0.822	1.048	0.301	0.55	0.169	−3.304	−0.191	控制

注：***表示在 0.01 水平（双侧）上显著相关，**表示在 0.05 水平（双侧）上显著相关。

表 6—11　模型四回归分析表（实际控制人上市公司）

$N=8513$ 　　　$R^2=0.172$ 　　　adjust$R^2=0.171$ 　　　$F=220.417^{***}$

变量		（常量）	Power	Isc	Soe	Size	Lev	Inde	Year
托宾 Q	系数	-0.107^{***}	0.005	0.004^{***}	-0.16^{***}	0.006^{***}	-0.126^{***}	-0.003	控制
	t 值	-8.315	3.464	4.49	-10.812	6.238	-34.176	-0.945	控制

注：$***$ 表示在 0.01 水平（双侧）上显著相关，$**$ 表示在 0.05 水平（双侧）上显著相关。

从回归结果中可以看到，无实际控制人上市公司样本中企业绩效与管理层在职消费不具有相关性。而实际控制人企业绩效与管理层在职消费在 1％ 的显著性水平上呈正相关关系，符合本章的研究假设 4，说明相较于实际控制人企业，无实际控制人上市公司管理层在职消费对企业绩效没有显著影响。

七、稳健性检验

为检验模型的可靠性，提高实证结果的稳健性。本章把总资产报酬率（ROA）替换成了净资产收益率（ROE），再对企业绩效进行衡量，并将其作为被解释变量。在此基础上，重复前述实证分析方法，得到的回归结论与前述实证结论基本一致，也证明了本研究结论稳健可靠，此处不再进行详述。

第五节　研究结论与建议

一、研究结论

本书以 2015—2017 年 A 股无实际控制人上市公司为例，在文献综述的基础上开展研究，分别选取股权结构、董事会治理、管理层激励等维度的部分指标，探讨了无实际控制人上市公司治理与企业绩效的相关性。在此基础上，提出了四个研究假设，并作出实证检验。

如表 6—13 所示，本章得出的主要研究结论如下：

从模型一的回归结果可以得出，无实际控制人上市公司中，股权集中度与企业绩效在 1％ 的水平上显著为正相关关系，反映了股权集中度对企业绩效的正向影响。从模型二回归结果可以得出，无实际控制人上市公司样本中企业绩效与董事会行为不具有相关性，说明召开董事会对企业绩效并没有任何显著影响。从模型三的回归结果可以得出，管理层薪酬激励与企业绩效在 5％的显著性水平上呈正相关关系，说明管理层薪酬激励对企业绩效具有正向促进作用。企业通过薪酬激励将经营管理者利益与企业绩效挂钩，通过提升经营管理者的积极性来促使企业绩效的提升。管理层在职消费与企业绩效不具有相关关系，说明管理层在职消费的隐形激励作用不明显，对企业绩效的提升没有显著影响。

表 6-13　假设与实证结果分析表

假设	假设内容	实证结果
假设 1	无实际控制人上市公司股权集中度对企业绩效具有正向促进作用。	一致
假设 2	相较于实际控制人企业，无实际控制人上市公司董事会行为对企业绩效没有显著影响。	一致
假设 3	无实际控制人上市公司管理层薪酬激励对企业绩效具有正向促进作用。	一致
假设 4	相较于实际控制人企业，无实际控制人上市公司管理层在职消费对企业绩效没有显著影响。	一致

二、对策建议

（一）优化股权治理结构

公司治理结构中最根本的还是在于股权结构，它对于有效发挥公司治理机制作用具有重要意义，产权明晰的股权能够有助于公司治理。要积极建立有利于公司稳定的股权结构，寻求最有利于提升公司绩效的股权集中度平衡点。一方面既要避免股权集中度过高，导致"一股独大"现象；另一方面又要避免股权集中度过低，导致决策效率低下。要积极引入新的投资主体，注重适当增加大股东持股比例，探索引入机构投资者，构建多个股东相互制衡的机制，从而促进股权达到合理的平衡状态。同时，加强对经营管理层的监督与约束，完善内部监督（监事会）和外部监督（舆论媒体、市场机制、社会道德）相结合的监督机制，着力改变内部人控制现象。

（二）提高董事会履职效能

董事会既是公司的执行机构，也是公司内部的集体领导机关，其履职能力直接关乎公司的发展与稳定。应提高董事会的履职能力，科学合理确定董事会规模，同时选拔具有较高综合素养和专业化水平的人才进入董事会，进一步提升董事会履职的专业化能力，加强董事之间的相互沟通协调，更好地对企业实施有效监督管理，提供更有效的决策。完善独立董事制度，从制度上保障独立董事信息渠道畅通，充分发挥独立董事的监督作用。同时，进一步完善提名委员会、薪酬委员会、审计委员会、战略委员会等专业委员会，帮助董事会更好地行使决策与监督职能，防止董事会权力滥用，解决董事会自身缺陷，更好地发挥独立董事的作用。

（三）加强对经营管理层的激励

要改进激励的模式，对经营管理层采取薪酬鼓励与持股激励并重的模式，将经营管理层的个人利益与公司利益捆绑起来，在充分保障其个人利益的基础上，杜绝其在企业经营发展中实施短视行为，进而降低委托代理成本和道德风险。要完善考评机制，建立健全规范完善、行之有效的业绩评价体系和制度，结合企业经营管理实际，对经营管理层进行实绩考核，将考核结果与薪酬挂钩，倒逼经营管理层更好地参与到企业经营管理中。要发挥声誉激励的治理优势，推动经营管理层树立表率作用，提升自身声誉，充分调动企业员工的积极性，进而提升企业绩效。

第六节　研究局限性与未来研究方向

本书在研究过程中重点从无实际控制人上市公司的股权结构、董事会治理和管理层激励等内部治理机制方面对企业经营绩效的影响进行了研究，公司治理既包括内部治理，也包括外部治理，但本书重点考虑的是内部治理。因此，未来研究可从外部治理角度，如资本市场、经理市场和产品市场等展开研究，进一步完善无实际控制人上市公司治理分析的框架，更加全面地反映公司治理问题。

本书仅以 2015—2017 年 A 股无实际控制人上市公司三年的数据为样本，样本容量有限，得出的结论也只能在一定程度上反映无实际控制人公司治理情况，同时受限于数据收集，管理层货币性薪酬激励和在职消费样本容量不足，用管理费用近似衡量在职消费，虽有一定的文献基础，但是精确度还有待进一步提高。因此，未来的研究可进一步拓展研究的样本区间。

本书对于企业绩效的度量，主要使用了总资产收益率指标，但对于企业绩效的衡量其实是丰富多元的。因此，未来进一步研究可采取更精确的分析方法，结合其他指标，如每股收益、经济增加值等进行衡量，使结果更具说服力。此外，除了考虑企业的财务指标，可考虑结合非财务指标来衡量企业的绩效。

参考文献

［1］Brian G M M，Bruce A，Buck T. Total Board Remuneration and Company Performance ［J］. The Economic Journal，1996（439）：1627−1644.

［2］David Y. Higher Market Valuation of Companies with a Small Board of Directors ［J］. Journal of Financial Economics，1996，40（2）：185−211.

［3］Drakos A A，Bekiris F V. Corporate Performance，Managerial Ownership and Endogeneity：A Simultaneous Equations Analysis for the Athens Stock Exchange ［J］. Research in International Business and Finance，2010，24（1）：24−38.

［4］Gibbons R，Murphy K J. Relative Performance Evaluation for Chief Executive officers ［J］. Industrial and Labor Relations Review，1990，43（3）：293−315.

［5］Jensen M C，Meckiing W H. Theory of the Firm Managerial Behavior，Agency Costs and Ownership Structure ［J］. Journal of Financial Economics，1976（3）：305−360.

［6］Jensen M C. The Modem Industrial Revohition，Exit，and Failure of Internal Control System ［J］. Journal of Financial，1993（48）：310−318.

［7］McConnell J J，Servaes H. Additional Evidence on Equity Ownership and Corporate Value ［J］. Journal of Financial Economics，1990，10（27）：595−612.

［8］Porta R L，Lopezde−De−Silanes F，Shleifer A. Corporate Ownership Around the World ［J］. Journal of Finance，1999，54（2）：471−517.

［9］Leech D，Leahy J. Ownership Structure，Control Type Classifications and the Performance of Large British Companies ［J］. Economic Journal，

1991，409 (101)：1418—1437.

[10] Levy H. Economic Evaluation of Voting Power of Common Stock [J]. Journal of Finance，1983，38 (1)：79—93.

[11] Martin L，Jay W. A Modest Proposal for Improved Corporate Governance [J]. Business Lawyer，1992，1 (48)：59—77.

[12] Mehran H. Executive Compensation Structure，Ownership，and Firm Performance [J]. Journal of Financial Economics，1995，38 (2)：163—184.

[13] Morck R，Shleifer A，Vishny R W. Management Ownership and Market Valuation：An Empirical Analysis [J]. Journal of Financial Economics，1988，20 (1—2)：293—315.

[14] Omran M M，Bolbol A，Fatheldin A. Corporate Governance and Firm Performance in Arab Equity Markets：Does Ownership Concentration Matter？ [J]. International Review of Law and Economics，2007，28 (1)：32—45.

[15] Pearce J A，Zahra S A. Board Composition from a Strategic Contingency Perspective [J]. Journal of Management Studies，1992，29 (4)：411—438.

[16] Blair M M. Ownership and Control：Rethinking Corporate Governance for the Twenty — first Century [J]. Long Range Planning，1996，3 (29)：4—32.

[17] Shleifer A，Vishny R A. Survey of Corporate Govermance [J]. Journal of Finance，1997，52 (2)：737—783.

[18] Shleifer A，Vishny R W. Large Shareholders and Corporate Control [J]. Journal of Political Economy，1986，94 (3)：461—488.

[19] Thomsen S，Pedersen T. Ownership Structure and Economic Performance in the Largest European Companies [J]. Strategic Management Journal，2000 (21)：689—705.

[20] Kula V. The Impact of the Roles，Structure and Process of Boards on Firm Performance：Evidence from Turkey [J]. Corporate governance：an international review，2005，13 (2)：265—276.

[21] 白重恩，刘俏，陆洲. 中国上市公司治理结构的实证研究 [J]. 经济研究，2005 (2)：81—91.

[22] 贺炎林，张赢文，莫建明．不同区域治理环境下股权集中度对公司业绩的影响 [J]. 金融研究，2014（12）：148−163.

[23] 侯剑平，李运鑫．高管激励与企业绩效内生性关系研究 [J]. 西安工业大学学报，2015，35（3）：235−242.

[24] 蒋永华．中国上市公司股权结构与企业绩效关系的实证研究 [J]. 长沙大学学报，2010（1）：18−19.

[25] 李维安．《中国公司治理原则（草案）》及其解说 [J]. 南开管理评论，2001（1）：9−24.

[26] 李维安，张耀伟．上市公司董事会治理与绩效倒 U 型曲线关系研究 [J]. 经济理论与经济管理，2004（8）：36−42.

[27] 李斌，闰丽荣，郜亮亮．董事会特征与公司绩效研究——基于民营上市公司的经验分析 [J]. 财贸经济，2005（12）：23−27.

[28] 李秉祥，李曼娜，李明敏．从生命周期视角检验创业板上市公司董事会结构与企业绩效的关系 [J]. 财会月刊，2017（6）：36−40.

[29] 刘世锦．国有企业治理结构中经营者"定位"问题分析 [J]. 改革，1995（5）：14−17.

[30] 林毅夫，蔡窻，李周．现代企业制度的内涵与国有企业改革方向 [J]. 经济研究，1997（3）：3−10.

[31] 施东晖，司徒大年．中国上市公司治理水平及对绩效影响的经验研究 [J]. 世界经济，2004（5）：69−79.

[32] 沈艺峰，张俊生．ST 公司董事会治理失败若干成因分析 [J]. 证券市场导报，2002（3）：21−25.

[33] 孙永祥，黄祖辉．上市公司的股权结构与绩效 [J]. 经济研究，1999（12）：23−30.

[34] 王跃堂，赵子夜，魏晓雁．董事会的独立性是否影响公司绩效？[J]. 经济研究，2006（5）：62−73.

[35] 王建南．董事会资本与企业绩效关系研究——以生物制药行业上市公司为例 [J]. 商业会计，2016（1）：70−72.

[36] 王新红，石欣欣．高管激励、研发投入与企业绩效——基于创业板高新技术上市公司的经验数据 [J]. 财会通讯，2016（27）：58−61.

[37] 魏志华，王毅辉，李常青．股权结构、行业竞争性与公司绩效——基于产出效率角度的经验证据 [J]. 上海立信会计学院学报，2009（3）：60−69.

[38] 魏刚. 高级管理层激励与上市公司经营绩效 [J]. 经济研究，2000（3）：32—64.

[39] 吴敬琏. 建立有效的公司治理结构 [J]. 天津社会科学，1996（1）：16—18.

[40] 吴淑琨. 股权结构与公司绩效的 U 型关系研究：1997—2000 年上市公司的实证研究 [J]. 中国工业经济，2002（1）：77—87.

[41] 吴育辉，吴世农. 高管薪酬：激励还是自利？——来自中国上市公司的证据 [J]. 会计研究，2010（11）：40—48.

[42] 夏和平，赵西亮，袁光华. 公司治理与公司绩效关系的实证分析——以竞争性行业上市公司为例 [J]. 商业研究，2006（4）：88—90.

[43] 徐向艺，王俊耤，巩震. 高管人员报酬激励与公司治理绩效研究——一项基于深、沪 A 股上市公司的实证分析 [J]. 中国工业经济，2007（2）：94—100.

[44] 燕玲. 股权结构影响上市公司绩效的实证研究 [J]. 财经问题研究，2012（11）：71—76.

[45] 颜爱民，马箭. 股权集中度、股权制衡对企业绩效影响的实证研究——基于企业生命周期的视角 [J]. 系统管理学报，2013（5）：385—393.

[46] 张红军. 中国上市公司股权结构与公司绩效的理论及实证分析 [J]. 经济科学，2000（4）：34—44.

[47] 张俊瑞，赵进文，张建. 高级管理层激励与上市公司经营绩效相关性的实证分析 [J]. 会计研究，2003（9）：29—34.